Jonathan Hancock
Cheryl Buggy

Aprenda a potencializar sua capacidade mental

Tradução
Liliana da Silva

temas'de hoje.

GESTÃO 2000

Capa: Jordi Xicart
Coordenação editorial: Marcelo Gomes
Revisão: Lumi Casa de Edição
Diagramação: Globaltec Produções Gráficas

Dados Internacionais de Catalogação na Publicação (CIP)
(Câmara Brasileira do Livro, SP, Brasil)

Hancock, Jonathan
Aprenda a potencializar sua capacidade mental / Jonathan Hancock, Cheryl Buggy ; tradução Liliana da Silva Lopes. — São Paulo : Editora Planeta do Brasil, 2005. — (Gestão 2000)

Título original: Effective memory techniques.
ISBN 85-7665-112-2

1. Aprendizagem 2. Criatividade 3. Eficiência mental 4. Habilidades básicas 5. Imaginação 6. Memória – Treinamento I. Buggy, Cheryl. II. Título. III. Série.

05-6622 CDD-153.14

Índices para catálogo sistemático:

1. Capacidade mental e memorização : Aprendizado : Processos mentais : Psicologia 153.14

2005

Editora Planeta do Brasil Ltda.
Alameda Ministro Rocha Azevedo, 346 – 8º andar
01410-000 – São Paulo-SP
vendas@editoraplaneta.com.br

Visite o site: www.gestion2000.com

SUMÁRIO

INTRODUÇÃO

Tudo que fazemos ou dizemos requer memória. É ela que define nossa identidade, e o nível de *confiança* que tenhamos na nossa capacidade mental é essencial nas decisões importantes que tomamos.

Nos negócios, uma memória treinada pode oferecer-lhe um ativo de valor incalculável. Aprenda a utilizá-la eficazmente e poderá realizar seu trabalho com segurança, comunicar-se apropriadamente, colaborar com os outros, organizar seu tempo e realizar qualquer tarefa com um objetivo fixo e criatividade.

Você talvez não confie na sua memória, mas este livro vai provar-lhe que não há razão pela qual ela não possa se desenvolver. Você possui o "disco rígido" necessário: um cérebro muito mais poderoso e útil que qualquer computador e que realiza façanhas, em relação à memória, a cada minuto do dia. Você só precisa aprender a controlar sua memória para que ela trabalhe e lhe faça recordar do que é necessário.

A maioria de nós precisou aprender a realizar tarefas específicas: preparar exames, avaliações, encontros, apresentações, etc. Necessitamos, a cada dia, recordar novas informações:

- Nomes
- Números
- Fatos
- Idéias
- Procedimentos

Ao investir tempo no desenvolvimento do seu poder de memória, você começará a recordar facilmente qualquer tipo de informação de forma rápida, correta e *prazerosa*.

Os amplos benefícios que uma boa memória oferecem também são muito atrativos. Sua criatividade vai melhorar, já que as técnicas-chave requerem colocar em atividade sua imaginação para controlar e explorar a informação. Será muito mais fácil para você obter uma visão panorâmica para priorizar tarefas e administrar o tempo. Você aprenderá a se comunicar com maior eficiência, a transmitir informação de uma forma simples e a transformar-se em uma personalidade marcante.

Mas, sobretudo, você aumentará sua confiança em si mesmo. Sua mente estará preparada para enfrentar os desafios mais inesperados, e toda sua capacidade mental trabalhará a seu favor.

Isso talvez pareça bom demais para dar certo, mas este livro contém todos os conselhos de que você necessita para fazer sua mente trabalhar na potência máxima.

INTRODUÇÃO

No decorrer deste livro:

- Exploraremos as barreiras potenciais com as quais uma boa memória pode se defrontar.
- Mostraremos como seu cérebro funciona.
- Descreveremos as técnicas de aprendizagem mais eficientes.
- Detalharemos exercícios para exercitar sua memória e recordar uma ampla quantidade de informação.
- Instalaremos um programa de formação mental que fará com que você se apodere do controle de sua mente.

Nada é impossível se você contar com a estrutura mental adequada, o ambiente propício para o aprendizado e algumas técnicas eficientes de memorização.

A estrutura mental adequada

O macrocomputador Cray pesa sete toneladas. Realizando 400 milhões de cálculos por segundo, teria de funcionar sem parar durante cem anos para conseguir tudo o que o seu cérebro pode fazer em um minuto.

- Você possui mais de dez bilhões de células cerebrais.
- O número de conexões e esquemas de pensamento que seu cérebro pode executar é superior ao número de átomos do universo.

Quanto mais nos aprofundamos no espaço exterior, mais conhecemos; mas, quanto mais a ciência se aprofunda no funcionamento do cérebro, menos se pode afirmar com certeza. A capacidade do cérebro é enorme, mas seus mecanismos ainda continuam sendo, em grande parte, um mistério. Nós nos apressamos em criar novas analogias para o que parece ser o funcionamento cerebral, mas continuamos lutando para começar a conhecer seu impressionante potencial.

> Pergunta: quanta capacidade cerebral é utilizada, em média, durante uma vida?
>
> Resposta: menos de cinco por cento.

Nunca houve um momento na história em que o poder mental fosse tão importante e tão mal-atendido ao mesmo tempo. É inegável que o mundo do trabalho se modifica a um ritmo sem precedentes. Sentimo-nos inundados de informação nova: nomes, técnicas, procedimentos, normas, fatos, idéias. Os níveis de estresse nunca estiveram tão altos, assim como a rapidez da comunicação e a necessidade de pensar criativamente, mas, ainda assim, há muito pouca gente mentalmente preparada para abarcar tudo isso.

Quantas vezes já escutou, ou pior, repetiu você mesmo os seguintes mantras:

- "Tenho uma memória péssima."
- "Não sei o que fazer com esta nova planilha."
- "Não lembro onde deixei o *laptop*."
- "É tudo tão caótico..."

Pare. Dentro da sua cabeça há poder mental suficiente para enfrentar todos os novos dados e as mudanças profissionais. Seu cérebro pode suportar milhões de fragmentos de informação em menos tempo que um piscar de olhos. Basta utilizá-lo corretamente.

Aprenda como funciona seu cérebro, exercite-o para que ele faça o que você quer e assim poderá desfrutar desse enorme potencial.

O primeiro passo que você deve dar é centrar-se no presente: na forma como tenta pensar, aprender e recordar *agora*.

É importante considerar a atitude que você tem agora mesmo em relação à aprendizagem para poder identificar os maus hábitos e começar a centrar-se em tudo o que pode modificar. Agora vamos lhe propor uma tarefa que com certeza você não terá que executar na vida real, mas que pode ajudá-lo a entender as estratégias de memorização que utiliza de forma natural.

Como você memorizaria o número a seguir?
2821594434143523823225

Você dispõe de um minuto para decorar o máximo possível de números dessa seqüência de 22 dígitos. Quando tiver terminado, cubra os números e veja quantos consegue lembrar. Terminaremos este capítulo ensinando uma técnica que você poderá empregar para recordar a seqüência inteira com facilidade, mas, agora, vamos nos centrar naquilo que o detém no presente e que o impede de utilizar todo o potencial do seu cérebro.

Uma atitude mental negativa

Você é produto da sua experiência. Desde a infância, recebeu inumeráveis lições, instruções, conselhos e ordens de diferentes fontes. A influência dos pais deu lugar à dos professores, de sua própria família, de outros adultos, colegas de trabalho e, em geral, da sociedade como um todo. A partir dessas numerosas experiências, você formou sua própria visão de si mesmo e do mundo.

O problema é que, certamente, você recebeu mais mensagens negativas do que positivas. Pesquisas sugerem que, em média, noventa por cento das mensagens que uma criança escuta são negativas ou críticas. Por isso, não é de surpreender que a maioria dos adultos tenha sentimentos negativos sobre si mesmo e sobre a vida em geral profundamente arraigados. Quantas vezes você escutou alguém dizer: "Não sou inteligente o suficiente para fazer isso", "Sempre fui mal nessa matéria no colégio" ou "Já é tarde demais para mudar"? E quantas vezes você concordava silenciosamente com esses comentários?

Henry Ford disse:

> "Se você acreditar que pode fazer algo, ou se não acreditar, você tem razão."

Um dos resultados inevitáveis de uma atitude mental negativa é que você se convence de que é um fracasso antes de começar. Em muitos casos, nem sequer tenta: o medo de fracassar o mantém preso em uma "zona de comodidade" que acaba sendo familiar, mas limitada.

Ainda assim, todos nós com certeza já falamos com pessoas que não estão limitadas por pensamentos negativos, nem presas ao medo do fracasso ou de experimentar coisas novas (ou, pelo menos lemos sobre elas). Concentre-se nas suas idéias negativas e tente contê-las.

Por exemplo, se existe uma voz interior incômoda que lhe diz que você já é velho demais para utilizar o cérebro, você só precisa prestar atenção aos seguintes dados:

- dez bilhões de células cerebrais
- noventa e cinco por cento da capacidade cerebral inativa
- um banco de memória equivalente (pelo menos neste momento) a uma enciclopédia de dez bilhões de páginas

Pesquisas mais recentes questionam a idéia de que a memória se deteriora automaticamente com a idade. Se você souber utilizá-la corretamente e mantê-la em forma, seu cérebro pode fazer coisas que você nunca acreditou serem possíveis e *continuar* a fazê-las.

Costumes

Os seres humanos são criaturas de costumes tanto em sua forma de atuar quanto de pensar. Gostamos de rotina; fazer as coisas como sempre fizemos, como sempre foi o costume (embora, nem sempre seja o melhor). Em geral, nem sequer percebemos que estamos atuando da forma habitual, afastando-nos de opções que poderiam melhorar radicalmente nosso rendimento.

Pense em algum costume com o qual rompeu no passado. Ele deve ter sido aprendido e, depois, desaprendido. Pode ter sido difícil, algo que ocorreu há muito tempo, mas você ainda se lembra da satisfação experimentada quando conseguiu.

Para melhorar seu rendimento mental e começar a recordar efetivamente, você necessita identificar formas de pensar que não sirvam a um propósito útil; pensar sobre coisas que o mantêm inerte; aspectos que gostaria de modificar.

Por exemplo, imagine que decidiu fazer algo para modificar sua desastrosa memória no momento de recordar nomes. O processo de mudança será baseado nos seguintes passos-chave:

- *Aceitar que os processos do seu pensamento são simplesmente fruto de um costume*: você adotou o hábito de esquecer e não recorre a estratégias para abandonar essa prática.
- *Afirmar a si mesmo que esses costumes específicos não têm um propósito útil*: inclusive quando você luta e se esforça para recordar, continua se esquecendo de nomes importantes nos momentos cruciais.

- *Reconhecer que pode mudar porque quer*: um costume aprendido pode ser desaprendido.
- *Saber que pode mudar, seja qual for sua idade*: costumes arraigados são difíceis de serem modificados, mas nunca impossíveis. Lembre-se de que, quanto mais tempo você tiver sido prejudicado por algo, maiores benefícios terá quando começar a mudar.
- *Contemplar as vantagens da mudança*: neste caso, você se concentrará mais nas situações sociais e profissionais nas quais é essencial lembrar-se de nomes. Imagine a sensação de segurança que você teria e a boa impressão que causaria nos outros.
- Convencer-se de que, a partir de agora, você vai se dedicar à tarefa de recordar nomes, utilizando as técnicas que aprenderá neste livro.

Parabéns! Você já começou o processo!

A forma como lhe ensinaram no passado

Os indivíduos diferem na forma de assimilar uma nova informação. Foram identificadas três modalidades-chave de aprendizagem:

1. **Visual:** ver
2. **Auditiva**: ouvir
3. **Cinestésica**: fazer

Embora consideremos que três se mesclam, tendemos a dominar uma das modalidades.

Imagine que lhe dão as peças de uma churrasqueira para montar. Que decisão você toma? Lê o folheto de instruções? Pede a alguém que leia para você? Ou se sente feliz experimentando os componentes, explorando a construção das peças e avançando por tentativa e erro?

Com certeza, você se inclinaria por uma das três opções, e essa seria sua modalidade preferida. No entanto, há também aqueles que fariam as três coisas para obter um resultado melhor. Ao fazê-lo, estão praticando outra forma de aprendizado holístico.

O que faz mais sentido é saber primeiro qual é a nossa modalidade preferida para que, em qualquer situação de aprendizagem, nos asseguremos de receber a informação dessa mesma forma.

Também seria uma boa idéia praticar outras modalidades para exercitar os músculos do aprendizado e desenvolver uma abordagem muito mais geral que servirá para reforçar o que estamos aprendendo.

Ao praticar uma abordagem variada, podemos nos transformar em pensadores progressivos e criar um círculo inesgotável de criatividade, pensamentos desafiantes e sentimentos positivos sobre nós mesmos.

No entanto, infelizmente, nem sempre é possível acessar a informação do modo ideal. No colégio, estima-se que as crianças absorvem somente três por cento de todo o material que lhes é apresentado justamente por essa razão. Desse modo, com freqüência, as experiências escolares as levam a pensar que o aprendizado é difícil, já que, no passado, sempre foi uma tarefa árdua.

Em resumo:

Você tem à sua disposição um assombroso mecanismo para aprender e recordar: seu valioso cérebro. Você talvez esteja obstaculizando seu poder mental devido:

- A uma atitude mental negativa
- A força dos costumes
- A tentativa de utilizá-lo de forma equivocada

Você necessita se comprometer a utilizar um pouco mais desses 95% da capacidade que está atualmente inativa.

Já basta de obstáculos e travas ao aprendizado e à memória. Que passos você deve dar para que este livro funcione?

Estar motivado

Você nunca terá sucesso se não puder ver seus pontos fortes. Como o atleta que faz aquecimento e treina antes de uma prova esportiva e depois se concentra em seu objetivo, antes de começar esta viagem de desenvolvimento de uma memória eficiente, você precisa se preparar mentalmente.

Quais as vantagens de melhorar seu cérebro? A lista poderia incluir:

- Assimilar a informação de uma forma mais rápida e efetiva
- Poupar tempo
- Impressionar os outros
- Desfrutar do aprendizado
- Utilizar novas habilidades para aumentar as possibilidades de ascensão
- Fomentar a confiança e segurança em si mesmo

Reserve cinco minutos para criar sua lista de motivações e lembre-se de recorrer a ela regularmente.

Adotar uma postura de aprendizado multitarefas

Conforme mencionamos anteriormente, muitas pessoas têm sentimentos negativos em relação ao aprendizado durante a idade escolar, a forma como foram ensinados.

No entanto, as crianças não têm esses problemas. Quando éramos pequenos, sabíamos instintivamente como fazer as coisas corretamente. Pense como as crianças assimilam uma nova informação:

- Utilizam todos os sentidos
- Soltam as rédeas da imaginação
- Fazem muitas perguntas
- Não possuem (ou possuem de forma muito limitada) o conceito do fracasso
- Mantêm uma atitude entusiasmada e positiva
- Estão totalmente concentradas em uma atividade
- Utilizam grande variedade de abordagens

Isso, às vezes, é chamado de aprendizado global, já que demanda a atuação do cérebro inteiro: o hemisfério esquerdo, a parte lógica, que trabalha com palavras e números, decisões e listas; e o direito, que lida com imaginação, criatividade, desenhos e idéias.

Na vida adulta, tendemos a limitar nossos processos mentais, determinando que tal assunto requer lógica e outro, imaginação. O truque para conseguir memória e aprendizado eficientes é utilizar ambos os hemisférios conjuntamente e assim nos beneficiarmos de todas as opções que temos à nossa disposição.

Ambiente propício para o aprendizado

Os locais de trabalho, hoje em dia, costumam ser uma grande área repleta de ruídos, gente, movimentos e interrupções. Se você tem facilidade para concentrar-se em um ambiente assim, muito bem; há quem inclusive prefira essa opção. Mas a situação se complica para aqueles que necessitam de um lugar tranqüilo para poder pensar claramente. Assim como cada pessoa prefere receber informação de uma forma determinada, há também diferentes lugares e condições mais favoráveis para o aprendizado.

Sempre que possível, assuma o controle do seu ambiente de aprendizado. Que lugar seria ideal para você?

- Barulhento ou tranqüilo?
- Uma sala pequena ou grande? Um grande escritório?
- Interior ou exterior?
- Com calefação ou ar condicionado?

Experimente diferentes condições e preste atenção nas oportunidades de que dispõe para aumentar sua concentração e conquistar seus objetivos.

- Assimile a informação mais importante quando estiver mais alerta e concentrado
- Deixe que as pessoas saibam que você também necessita de momentos privados para pensar
- Utilize um *walkman* se um tipo de música estimula seu poder mental
- Cerque-se de imagens que lhe agradem e preste atenção nas cores que afetam seu estado de ânimo
- Mantenha seu local de trabalho o mais organizado e tranqüilo possível

Precisa praticar

Com muita freqüência, abandonamos uma iniciativa sem dar-lhe oportunidade que funcione. Não tentamos, com empenho suficiente, mudar um velho hábito e substituí-lo por uma nova estratégia; logo nos aferramos a alguma desculpa para deixar de praticá-lo e colocá-lo de lado. “Estou muito ocupado” , “É difícil demais”, “Não noto mudança nenhuma”. De repente, a forma costumeira de fazer as coisas ressurge.

Não existe nenhuma varinha mágica, nenhum momento determinado. Volte a dar uma olhada em sua lista de “motivações” (as coisas que poderiam ter um efeito positivo em seu cérebro). Não acha que vale a pena fazer um pequeno esforço?

A.M.P.: Atitude Mental Positiva

Já ressaltamos o efeito debilitante da atitude negativa de que muitos de nós sofremos. Os pontos a seguir o ajudarão a passar de uma atitude negativa a uma positiva para poder aprender.

Lembre-se:

- A mudança é possível
- As técnicas para atingir seu verdadeiro potencial mental são simples de serem aprendidas
- Aprender pode ser fácil
- Os benefícios de um cérebro bem treinado são imensos

Deixe de:

- Impor-se limites
- Subestimar-se
- Prever o fracasso

Comece a:

- Acreditar na sua capacidade
- Encarar os problemas como objetivos
- Desfrutar da recompensa a seus esforços

SENTIMENTOS POSITIVOS → PODER MENTAL

↑ ↓

AUTO-ESTIMA ← SUCESSO

Agora você deve fazer a si mesmo cinco perguntas-chave:

1. Como poderia me beneficiar?
2. Como aprendo melhor?
3. Onde aprendo com maior facilidade?
4. Como posso começar a praticar?
5. Como estimular meus pensamentos positivos?

Responda cada uma destas perguntas mantendo uma atitude positiva e você estará dando um grande passo adiante no processo de chegar a ser um aprendiz eficiente e capacitado.

Você talvez já possua alguns hábitos de aprendizado profundamente arraigados, mas pense que eles podem se modificar e, quando isso acontecer, os resultados serão impressionantes.

No início deste capítulo você tentou memorizar uma seqüência de dígitos empregando a técnica que lhe fosse mais natural. Agora, tente aprendê-los de forma diferente. É possível modificar a informação: *torne-a mais fácil de lembrar*. Para isso, troque, por exemplo, os números por palavras. A única coisa que precisa fazer é lembrar-se de alguns versos destas canções populares:

"I'm dreaming of a white Christmas,
just like the ones I used to Know"

"I'm" tem duas letras, portanto você deve escrever 2.
Eva Maria saiu buscando o sol na praia.

"Dreaming" tem oito letras, de modo que o próximo número da seqüência será oito. "Of" tem duas, portanto você deve escrever 2 e assim por diante. Rapidamente você poderá memorizar a seqüência de 22 dígitos.

Esta é uma experiência claramente artificiosa, mas demonstra algo importante. Ao adotar a atitude mental adequada, ao demonstrar empenho para tentar um novo método de aprendizado e ao modificar a informação para chegar a uma forma mais fácil de decorar, você poderá recordar qualquer coisa. É muito mais fácil quando o indivíduo se sente motivado e com vontade de aprender uma informação real que lhe será útil.

Você já se comprometeu a aprender o novo método e melhorar sua técnica. Agora chegou o momento de dar uma olhada no funcionamento da sua memória.

Seu cérebro é impressionante

"Pois procurar e aprender não passa de recordar."

PLATÃO

"Se me dessem seis horas para cortar uma árvore, reservaria as três primeiras para afiar a lâmina."

ABRAHAM LINCOLN

Qual é sua atitude frente ao aprendizado? Como Lincoln afiando sua lâmina, como você se prepara para recordar, do modo mais fácil, prazeroso e eficiente possível?

Imagine que você tivesse de decorar os dez artigos da seguinte lista de compras:

chocolate, batatas, sabão, leite, guardanapos de papel, coco, bananas, queijo, vinho e pão

Durante alguns minutos, tente se lembrar da lista da forma habitual. Enquanto isso, faça um esforço para tomar consciência do processo que realiza. Que hábitos você tem? Como tenta recordar?

Ao final do dia, você será capaz de lembrar-se facilmente de uma lista parecida e de todos os artigos do primeiro ao último, ou vice-versa. Na verdade, você será capaz de se lembrar de listas duas vezes maiores.

Para aprender a fazê-lo, o primeiro passo é entender o funcionamento da sua memória. Examinemos os mecanismos físicos do cérebro humano para termos uma leve idéia de como esse impressionante motor funciona, de como podemos abastecê-lo de combustível e fazer com que trabalhe para nós.

Antes de tudo, devemos nos fazer uma pergunta fundamental: por que ele trabalha? Por que a mente às vezes funciona e outras não?

Quase todo mundo afirma ter uma péssima memória, mas não parece acreditar ser todo o tempo assim. Na verdade, ninguém duvida que, às vezes, sua memória funciona muito bem.

Um homem que todo ano esquece o aniversário da esposa pode ser um excelente médico com uma base de dados mental repleta de centenas de milhares de fatos médicos. Uma mulher que afirma ser incapaz de lembrar-se de telefones pode ser muito talentosa para a música e saber inúmeras partituras de cor.

Um dos passos mais importantes na melhoria da memória consiste em perceber que algumas coisas são mais fáceis de recordar que outras. Nosso cérebro funciona, e colocamos à prova seu grande poder mental numerosas vezes por dia, mas nem todo tipo de informação é fácil de reter. Assim como Lincoln e seu machado, você precisa investir tempo na preparação da tarefa, alterando a informação para que seja mais fácil de recordar.

Já fazemos isso. Todos nós já recorremos a algum recurso de memorização. Para descobri-las, você terá que avaliar sua memória. Faça o seguinte experimento para determinar as características da informação para que lhe seja fácil recordar. Leia esta lista de 25 palavras de uma vez ou, se possível, peça a alguém que a leia para você. Quando acabar a leitura, verifique quantas consegue escrever de memória, em qualquer ordem.

sapato, relógio, flor, Madonna, cadeira, leão, chaleira, bola, alfinete, fogos de artifício, lápis, tigre, telefone, calor, puma, colina, tempo, apontador, assaltante, leopardo, chapéu, carro, maçã, livro, cometa

O mais interessante sobre esta prova não é saber quantas palavras você pode lembrar, mas sim quais. É possível prever com uma precisão surpreendente as palavras de que a maioria das pessoas se recorda.

Livro, cometa: com certeza você se lembrou das últimas duas palavras da lista porque não teve tempo suficiente para esquecê-las. Não houve palavras depois que pudessem confundi-lo, e assim será capaz de armazená-las na memória no curto espaço de tempo suficiente para escrevê-las.

Sapato, relógio, flor: as palavras do início da lista também são fáceis de lembrar. Quando esse teste começou, sua mente estava limpa e alerta. Você estava interessado em saber que tipo de palavra haveria e, portanto, fazia um grande esforço para recordá-las.

Por outro lado, as palavras do meio da lista são muito mais difíceis de serem lembradas. Seu interesse se enfraquece, a energia mental diminui, a concentração baixa e a tarefa como um todo parece difícil e complexa.

Leão, tigre, puma, leopardo: a maioria das pessoas que faz esse teste é capaz de se lembrar das quatro palavras relacionadas (os felinos) e as lembra como um grupo. Você talvez já tenha reparado que isso também ocorre com lápis e apontador, palavras que se pode relacionar mentalmente.

Madonna: quando uma palavra sobressai de uma lista de informação, quando ela se destaca e é pouco comum, é muito mais fácil recordá-la.

Fogos de artifício: ser capaz de criar uma imagem mental é vital no processo de aprendizado. Neste caso, a palavra reúne também sons e até mesmo odores, transformando-se em uma palavra realmente poderosa, sobretudo se a compararmos com as mais abstratas da lista, como calor e tempo.

Assaltante: com certeza esta palavra provocou uma resposta emocional, fazendo com que seja lembrada mais facilmente do que alfinete, telefone e colina.

Como conseqüência desse teste simples, aparecem fatores-chave sobre a memorização.

Você se lembra:

- Quando sua mente está alerta e você está interessado e motivado, especialmente no início e no final de um período de aprendizado
- Quando o material tem relação entre si
- Quando a informação é incomum
- Quando pode formar imagens mentais do que deve aprender
- Quando a informação provoca sentimentos

Você se esquece:

- Quando perde o interesse e a motivação, especialmente na metade do período de aprendizado
- Quando o material não tem forma ou relação entre si.
- Quando a informação é enfadonha
- Quando é difícil formar uma imagem mental do assunto
- Quando a informação não lhe provoca uma resposta sentimental

Se você considerar esses pontos nas suas experiências diárias de memorização, verá que fazem sentido.

O tipo de informação que você costuma recordar é:

- Material que está interessado ou motivado para aprender, como estatísticas sobre seu esporte favorito ou material para ajudá-lo a melhorar suas finanças.
- Canções, ritmos e poemas, relacionados a acontecimentos marcantes de som e ritmo
- Histórias, também relacionadas com acontecimentos
- Rostos (sabe que já viu determinada pessoa antes).
- Acontecimentos pouco usuais (os dias em que fez algo fora do normal)
- Momentos em que se sentiu ridículo, feliz, temeroso, surpreso (todas as ocasiões que lhe ficaram na lembrança por sentir emoções fortes)

É claro que muitas das informações que você aprendeu não têm relação com nenhum desses pontos. Perdemos tempo demais lutando para nos lembrarmos das coisas como se apresentam, ou seja, mais difícil de lembrar:

- Números (são abstratos, difíceis de visualizar ou relacionar)
- Nomes (reconhece o rosto, mas como se chamava?). Mais uma vez, o nome é algo abstrato, fácil de confundir e esquecer

- Tarefas diárias. Não se sente especialmente motivado, a informação é chata e você costuma esquecê-la regularmente

Por tudo isso, o segredo melhor guardado da memória é: se a informação é difícil de aprender, você precisa modificá-la para ser mais fácil recordá-la.

Fazer com que seja fácil de recordar

Talvez você nunca tenha considerado essa hipótese antes, mas ela vai modificar radicalmente seu método de aprendizado. Aprenda algo bem da primeira vez e pronto: não terá de reaprender nunca mais. Desde que a informação seja compatível com o funcionamento da sua memória, o aprendizado será fácil e eficiente, poupando-lhe muito tempo, estimulando a confiança em você mesmo e obtendo sucesso. A informação bem aprendida estará disponível sempre que dela necessitar, onde quer que esteja e de uma forma que pode ser explorada, organizada e, posteriormente, reproduzida de modo mais eficiente.

Desse modo, como fazer com que *qualquer* tipo de informação seja fácil de ser lembrada?

Há uma palavra que resolve o problema: **IMAGINAÇÃO**.

Napoleão disse: "A imaginação domina o mundo". Todos nós possuímos uma imaginação fértil, temos sonhos e fantasias e a utilizamos quando lemos livros, escutamos rádio e resolvemos problemas. É a imaginação que nos permite modificar a informação para assim podermos recordá-la. Sempre que for possível convertê-la novamente à forma original quando conveniente, parece oportuno explorar e aprender em um formato mais adequado ao cérebro.

Chegou o momento de utilizar um pouco a imaginação. A seguir, exporemos quatro palavras cotidianas. Reserve uns minutos para fazer uma idéia mental de cada uma delas. Antes de mais nada, tente imaginar cada objeto com a máxima clareza e nível de detalhes possível.

- Caixa
- Árvore
- Carro
- Bolo

A seguir, volte a cada uma das palavras e imagine-as de ângulos diferentes. Pense que você caminha ao redor delas e que as vê de cima ou até mesmo de dentro.

Agora tente agregar informação sensorial. Imagine tocar o objeto. O que você sente? O que pode cheirar, escutar ou experimentar? Acrescente todos os detalhes possíveis ao que imagina.

Agora tente tornar essa informação excepcional. Tudo é possível com a imaginação, de modo que torne cada imagem o mais incomum possível. Talvez visualizando os objetos em um local inusitado, fazendo coisas estranhas ou aumentando ou encolhendo excessivamente seu tamanho. Exagere para que suas imagens sejam diferentes e fáceis de memorizar. Essas habilidades são essenciais para potencializar o aprendizado e a memória. Controle a informação na sua imaginação, torne-a visual e pouco comum e acrescente aspectos sensoriais.

Os sentimentos também são importantes. Pratique a habilidade de inventar reações emocionais relacionadas com a informação. Volte à primeira palavra – *caixa*. Você já deve ter em mente uma imagem desta palavra fácil de recordar, mas o que você deve fazer agora é imaginar que a está *destruindo*. O que faria para quebrar a caixa?

Que sentimentos você teria enquanto a destroça? Atearia fogo ou a despedaçaria com uma serra elétrica?

Em seguida, imagine que você tem medo da *árvore*. Como usar sua imaginação para tornar essa árvore a mais temida do mundo?

Transforme o *carro* em algo divertidíssimo. Como imaginá-lo para cair na gargalhada?

Por fim, invente um momento constrangedor no qual haja um *bolo*. Envolva-se na ação e imagine o sentimento de vergonha.

Visual
Pouco comum
Tridimensional
Estimulante para os sentidos
Estimulante para os sentimentos

Quando você conseguir que uma informação adquira essas características, poderá relacioná-la com outra mais fácil de memorizar. É como inventar uma história com seus próprios dados. Cada objeto se transforma em uma cena da história, fazendo com que você se lembre do resto.

Um objeto pode transformar-se em outro ou aparecer na imagem seguinte. Você pode unir os objetos, colocar um em cima do outro, ver como algo adquire vida ou fazer alguma outra coisa incomum e estranha que seja marcante. Primeiramente, tenha presente que tudo é possível na imaginação. A história não precisa seguir uma lógica verossímil, você é livre para estabelecer as relações que desejar.

Para relacionar essas quatro palavras em uma história, você pode imaginar que abre uma caixa e encontra uma árvore anã dentro. Também pode levar a árvore e arrumar o espelho retrovisor do seu carro e depois dirigir até se deparar, no meio da estrada, com um grande bolo de creme.

- Pense na *caixa* e lembrará que encontrou a *árvore dentro.*
- Pense na árvore e lembrará como a colocou no *carro.*
- Pense no carro e na direção e lembrará que se deparou com o *bolo* gigante.

CAIXA ⟶ ÁRVORE ⟶ CARRO ⟶ BOLO

Não importa quão longa seja a lista, você só precisa se lembrar de uma coisa. Se conseguir uma relação forte entre os elementos, fará com que eles se sucedam até chegar ao final da cadeia.

A estrutura cerebral

Para ajudá-lo a perceber do que o cérebro é capaz, vamos dar uma olhada na sua estrutura.

"E os homens se vão a contemplar os topos das montanhas, as vastas ondas do mar, as amplas correntes dos rios, a imensidão do oceano, o curso dos astros, e não pensam em si mesmos." (Santo Agostinho)

Os cientistas modernos que se dedicam a estudar a capacidade interna no cérebro humano partilham dos mesmos sentimentos de Santo Agostinho. Parece que nosso potencial nunca chega a ser calculado ou utilizado completamente. Quanto mais exploramos nosso surpreendente universo interior com todas as suas características e sua complexidade, mais percebemos tudo o que ainda nos resta descobrir.

Três áreas foram claramente definidas em nosso cérebro:

1. *O cérebro de réptil.* Também conhecido como o cérebro original, ele se encarrega dos mecanismos primitivos de sobrevivência, como proteção, reprodução, alimentação e abrigo. É também o responsável pelo entendimento da nossa realidade física, graças aos sentidos.

2. *O cérebro de mamífero.* Esta área cerebral é a responsável, em quase sua totalidade, pelo grande desenvolvimento evolucionário, já que se ocupa das necessidades e funções do organismo, como fome, sede, desejo sexual, temperatura corporal, metabolismo e imunidade. Graças a uma vasta gama de informações coletada pelos sentidos e sensações corporais, esse conhecimento é transmitido à parte mais ampla do cérebro, a parte pensante.

3. *O córtex.* Representa cerca de 80% da área cerebral. Aqui reside intelecto, e é onde ocorrem o raciocínio, a tomada de decisões e a capacidade lingüística que resultam em ações com um propósito determinado. Muitos acreditam localizar-se aqui o sexto sentido ou intuição, capaz de identificar informações que não foram coletadas pelos sentidos. São as características do córtex que nos diferenciam do restante dos seres vivos e nos tornam uma espécie única.

Além desse cérebro tripartido, há a divisão dos hemisférios: direito e esquerdo. Eles são os responsáveis pelos diferentes modos de pensamento e capacidades particulares.

O hemisfério esquerdo. Trabalha de forma lógica, racional, linear e seqüencial. É o responsável por habilidades como fala, escrita, detalhes, fatos e organização.

O hemisfério direito. Esta parte do cérebro trabalha de forma muito menos organizada. Aferra-se à intuição, e nela entram em jogo os sentimentos, as emoções, a visualização e a criatividade. Dado que cada parte do cérebro se encarrega de tarefas específicas, ambas se comunicam e interagem. Se observarmos com um microscópio o funcionamento cerebral, veremos que ele se revela ainda mais fascinante.

Podemos afirmar literalmente que possuímos milhões de neurônios. Estas células cerebrais, cada uma delas única e com certas responsabilidades, transporta, devido a reações elétricas e químicas, as mensagens de um lado a outro do cérebro até chegar ao sistema nervoso. No microscópio, um neurônio pode ser confundido com uma criatura minúscula, pois é composto de um núcleo central com tentáculos peludos conhecidos com dendritos. Os dendritos têm ramificações chamadas sinapses, onde ocorre a troca de estímulos químicos. O estímulo químico faz com que o dendrito envie um impulso elétrico para o corpo celular. Isso desencadeia uma pulsação elétrica maior no axônio, que funciona como um condutor de luz; ele canaliza o sinal a uma grande velocidade por toda a sua longitude até chegar a outras células cerebrais. Uma camada exterior de substância gordurosa protéica, conhecida como mielina, ajuda aumentar a velocidade de transmissão da mensagem. O último passo do processo transcorre na sinapse, a união entre dois neurônios.

Os neurônios armazenam informação e trabalham juntos para criar ações e reações. Trabalham em grupo, cada um encarregado de uma tarefa particular. Alguns são responsáveis pelo mundo exterior, os sentidos e os movimentos; outros, pela comunicação interna entre as áreas cerebrais para garantir que possamos pensar, imaginar, criar e manter nossa consciência. Esses grupos se comunicam entre si simultaneamente, enviando e recebendo mensagens a longa distância e a uma velocidade impensável, ao mesmo tempo que conhecem todas as necessidades corporais. Realmente formidável.

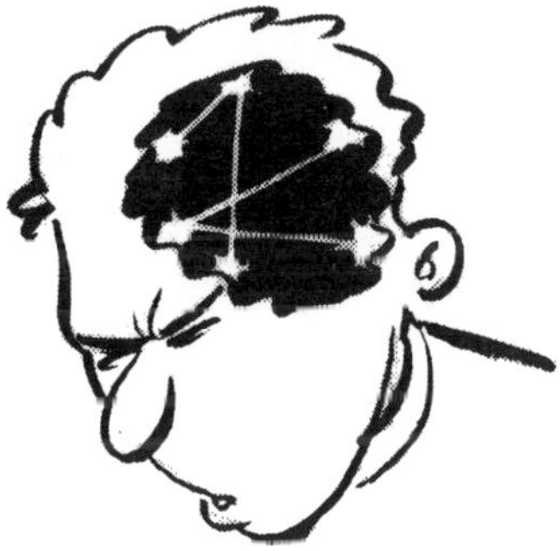

Quando começamos a considerar os números de células que o cérebro possui, ficamos totalmente maravilhados. Pesquisas atuais indicam que possuímos cerca de dez bilhões de neurônios somente no córtex. Cada neurônio pode ter até 20.000 sinapses em cada um dos seus dendritos, o que totalizaria aproximadamente um trilhão de possíveis conexões entre os neurônios. Se acrescentarmos o fato de que cada célula pode reagir ou atuar 500 vezes em um segundo, podemos ver quão impactante é o desenho cerebral e suas capacidades.

Onde entra a memória

A memória por si só é também complexa, e a maioria dos cientistas hoje em dia aceita que ela se armazena em diferentes partes do cérebro. Existem diferentes tipos de memória:

A memória de procedimento. É a capacidade inconsciente de agir de forma automática, como correr, dirigir um carro, andar de bicicleta, tocar piano ou fazer malabarismos.

A memória semântica. É onde se armazena o conhecimento sobre o mundo. Por exemplo, é a memória semântica que sabe que os cangurus vêm da Austrália e que Sidney foi sede dos Jogos Olímpicos.

A memória episódica. É a que grava e relembra acontecimentos passados, e na qual nem sempre podemos confiar. Por exemplo, sua memória semântica poderia registrar fatos sobre a Austrália, mas talvez não fosse capaz de lembrar detalhes dos Jogos Olímpicos.

A memória prospectiva. É o sistema que lista o que você tem de fazer no futuro. É um dos sistemas menos confiáveis da nossa memória. Em termos de desenvolvimento cerebral, a maioria depende de suas experiências da infância.

Falando de modo geral, todos nós possuímos a matéria-prima para o pleno desenvolvimento cerebral desde o nascimento. Se essa matéria-prima se alimenta, florescemos mentalmente. Para que isso ocorra, necessitamos de apoio físico e emocional, e modelos efetivos que nos proporcionem exemplo e estímulo. Quanto mais significativo tiver sido seu processo de ensino e aprendizado, mais conexões você terá estabelecido entre os neurônios e, depois, mais fácil será realizar novas conexões.

A boa notícia é que, sejam quais forem suas experiências de infância ou sua idade atual, você pode ativar seu cérebro efetivamente e movimentar as células cerebrais que lhe restam. O que significa aproveitar 95% das células disponíveis!

Narrar histórias

Vamos voltar à lista de palavras do início deste capítulo.

chocolate, batatas, sabão, leite, guardanapos de papel, coco, bananas, queijo, vinho e pão

Aqui temos um exemplo de como se pode criar uma história para fazer com que cada elemento se transforme em uma imagem fácil de recordar e que esteja relacionada com o resto.

Imagine...

... que você está abrindo uma caixa de bombons de chocolate muito caros e descobre que dentro, em vez de chocolate, há batatas. Resolve investigar a situação, começando por descascar uma batata e descobre, ao mordê-la, que é feita de sabão. Você precisa tirar esse gosto desagradável da boca, e bebe um gole de leite, mas o líquido escorre da embalagem, caindo em você e no chão. O leite continua caindo e você tenta limpar com alguns guardanapos de papel, mas não é suficiente. Há cada vez mais leite. Em cima do porta-guardanapos há um coco. Enquanto você olha, ele cresce e cresce até ficar tão grande que é possível sentar-se nele e navegar no leite.

Uma banana também está flutuando, e você a agarra para que sirva de mastro da embarcação de coco e usa um pedaço retangular de queijo como vela. Encontra uma garrafa de vinho tinto e a utiliza para fazer um belo desenho na vela. Teve má sorte e alguns alfinetes estão furando a vela, de modo que você a remenda com pedaços de pão.

Leia a história outra vez, tentando visualizá-la na mente. Depois, tente recordar o maior número de elementos possível. Simplesmente rebobine mentalmente a história, vínculo a vínculo, e escreva cada um dos elementos.

A história começava com um caixa de bombons de chocolate. Dentro havia batatas feitas de sabão. Você bebia o leite para tirar o gosto, mas a embalagem vazava, e você tentou limpar com guardanapos de papel, mas o esforço foi inútil. Como o leite subia cada vez mais, você utilizou um coco gigante como barco, transformando uma banana em mastro e um queijo em vela. Pintou a vela com vinho e, quando esta se rasgou no processo, você a consertou com pão. Assim acaba a história.

Talvez lhe ajude imaginar que está registrando os acontecimentos mais estranhos. O olho da sua mente pode ser a câmera, capaz de aproximar ou afastar a captação de momentos-chave, mover-se no ritmo da ação e explorar todos os acontecimentos. Quando voltar a visualizar mentalmente o filme, será capaz de recriar todos os detalhes.

Aplique esta técnica. Abandone outras estratégias ou hábitos adquiridos e lembre-se de que o mais importante é ser positivo. Não se sinta tentado a pensar que a lista é longa demais para ser aprendida. Você só tem que memorizar um elemento de cada vez, de modo que pouco importa quão longa é a lista, você continua capaz de recordá-la.

Considere todos os pontos-chave. À medida que vá avançando, visualize cada um dos elementos, tornando-os pouco comuns e, portanto, fáceis de serem lembrados e relacionados com o resto. Abandone toda a lógica e assegure-se que existe um vínculo forte entre os elementos; e, quanto mais estranho, aterrorizante, ridículo, violento ou divertido for esse vínculo, melhor. Exagere e solte as rédeas da imaginação.

Aqui está a lista: 20 palavras corriqueiras. Gaste o tempo necessário para transformar a lista em uma história marcante; depois rebobine e a repasse mentalmente para ver quantas palavras pode recordar em ordem. Não há impedimento em começar de trás para frente. Se preferir assim, estabeleça as conexões na ordem inversa.

televisão, palhaço, coelho, fogo, chá, bolso, tesoura, serpente, lata de lixo, castelo, tobogã, arbusto, dinheiro, jornal, formiga, sanduíche, anel, vasilha, carvão, gato

Pense como um gênio

Os grandes pensadores

Muitos dos grandes pensadores da história compartilham uma característica: a capacidade de saber utilizar bem o cérebro.

Folheando um livro que explore os esboços de Leonardo da Vinci ficaremos espantados com a grande variedade de temas que o artista abordava e sua grande capacidade de invenção. Não era somente um artista talentoso, mas também um grande engenheiro e militar que possuía um tal grau de curiosidade, ingenuidade e universalidade que se sobressaiu indiscutivelmente. Lewis Carrol era professor de matemática na Universidade de Oxford, mas também recorreu à abundante criatividade de sua imaginação para escrever *Alice no País das Maravilhas* e *Alice no*

País do Espelho. Albert Einstein, uma das figuras mais importantes da ciência, também explorou o mundo da filosofia e disse: "A imaginação é mais importante que o conhecimento. É antecipar os encantos e atrativos da vida".

O que todos esses homens excepcionais tinham em comum era uma abordagem do conhecimento descrita como *global*. Conforme explicamos no capítulo de ontem, o cérebro, além de estar dividido em três partes (réptil, mamífero e córtex), também está dividido em dois hemisférios (direito e esquerdo). O esquerdo é o responsável pelo pensamento lógico, racional, linear e seqüencial, enquanto o direito se encarrega do pensamento, mais intuitivo, holístico e desordenado.

Da Vinci, Carroll e Einsteisn não só utilizaram essa parte do cérebro, como também recorreram em grande medida a ambas. Embora sendo grandes especialistas em seus campos de trabalho, possuíam uma enorme curiosidade e uma visão que demandava os dois hemisférios cerebrais. Assim, ampliaram o alvo da sua experiência, tanto para pintar quadros sublimes quanto para projetar objetos voadores; tanto para resolver exercícios matemáticos complexos quanto para escrever sobre uma menina que olhava para outra realidade através do espelho.

Embora nós, como os grandes gênios mencionados, recorramos a ambos os hemisférios cerebrais, costumamos preferir um ao outro. Em geral, nós nos fechamos e nos acomodamos nas áreas em que nos sentimos confortáveis, evitando explorar diferentes formas de pensamento consideradas mais complexas. É triste, porque tanto o hemisfério direito quanto o esquerdo são igualmente importantes e contêm um imenso potencial, que perdemos ao não permitir que o nosso cérebro seja tudo o que poderia ser.

Uma abordagem global significa um cérebro plenamente utilizado. O aprendizado se torna mais simples, mais fácil de ser alcançado, chegando a suplantar dificuldades e limitações. O ditado "quatro olhos vêem mais que dois" poderia ser aplicável ao modo como devemos empregar nossas capacidades cerebrais. O que necessitamos é desenvolver o hemisfério direito, encarregado dos sentimentos, das emoções, da música, criatividade, visualização, e também o esquerdo, responsável pela linguagem oral e escrita, a capacidade racional e organizadora.

O aprendizado global é reforçado pelo uso dos sentidos e a imersão em si mesmo. Ao utilizar os sentidos para abordar um novo tema, ao explorar a complexidade e fazer as perguntas: quem?, o quê?, por quê?, quando?, como?, o entendimento se amplia e, como conseqüência, o aprendizado será mais efetivo.

A vantagem adicional da abordagem global é que também produz sensações positivas ampliadas pelo poder cerebral e nos encoraja a sermos mais aventureiros em nosso pensamento.

Mais prática de memorização

Não se preocupe se confundir todas as imagens mentais e histórias que puder inventar. Sua memória é incrivelmente poderosa e capaz de distinguir os diferentes grupos de informação.

Coloque em teste esse princípio ao aprender outra lista de palavras e verificar se ainda se lembra das palavras que aprendeu no final do capítulo anterior.

Aqui está a nova lista de palavras:

erva, elefante, computador, caixa de fósforos, espelho, bola, foguete, biscoito, caravana, cerca, pá, vaca, barraca de acampamento, nuvem, lâmpada, bermudas, trem, sol, vaso

Lembre-se das características-chave da informação para que seja fácil memorizá-la. Essas palavras precisam ser visualizadas em cores e com detalhes, precisam apresentar características exageradas, desencadear aspectos sensoriais e sentimentais, estar entrelaçadas entre si de maneira pouco comum até formar uma história. Permita-se um máximo de dez minutos para aprender a lista de cor. Quando tiver completado a história e se assegurado de que se lembra das vinte palavras, volte *à primeira* lista e relembre as vinte palavras, começando por *televisão.*

Agora você já pode recordar quarenta elementos, em dois arquivos mentais diferentes. Sempre que uma história apresente fortes vínculos, você não confundirá os elementos. Para lembrar, você deve começar, em cada um dos casos, com a primeira palavra para que a cadeia de imagens possa se suceder, e você vai perceber que é capaz de repassar a lista até mesmo começando pelo final.

Estas técnicas de memória podem parecer desordenadas e fantasiosas, mas o fato é que criam um verdadeiro sentido de organização e precisão.

Chaves da visualização

Até agora trabalhamos com listas de objetos que por si já proporcionavam uma imagem definida. Isto significa que você pode decorar listas de compras, de presentes ou de qualquer artigo que queira levar nas férias. Mas o que ocorre com a informação mais difícil de visualizar? O que fazer quando é necessário lembrar-se de palavras que não lhe sugerem uma imagem óbvia?

O truque reside em utilizar pistas de visualização. Pense em uma imagem para se lembrar da informação original. Talvez ela seja muito diferente da palavra que você está tentando decorar, mas será suficiente para refrescar-lhe a memória. As pistas de visualização podem ser baseadas no som de uma palavra, na sua forma ou na imagem que ela sugere. Utilize qualquer imagem que o ajude.

Como exemplo, imagine que você tivesse de aprender a seguinte lista:

Os presidentes norte-americanos a partir da Segunda Guerra Mundial:

Truman, Eisenhower, Kennedy, Johnson, Nixon, Ford, Carter, Reagan, Bush, Clinton...

Aqui vão algumas sugestões para você utilizar as pistas de visualização, mas não se esqueça que as melhores associações são aquelas feitas por você mesmo.

- *Truman*: talvez um jogador de críquete como Freddie Truman ou o genial escritor Truman Capote.
- *Eisenhower*: talvez seja suficiente associar a pronúncia com as palavras em inglês *ice shower* (banho de gelo).
- *Kennedy*: você pode se lembrar do Ken, namorado da Barbie, ou de um foguete que parte do centro espacial Kennedy Space Center.
- *Johnson*: você pode recorrer à imagem do xampu Johnson ou do ator Don Johnson.
- *Nixon*: talvez a marca de máquinas fotográficas Nikon.
- *Ford*: a famosa marca de carros Ford.
- *Carter*: lembre-se de um carteiro.
- *Reagan*: talvez o som fonético como "regar".
- *Bush*: lembre que a palavra "*bush*" em inglês significa arbusto.
- *Clinton*: talvez Clint Eastwood.

Reserve alguns minutos para elaborar uma idéia que lhe remeta a cada um dos nomes dos presidentes. De posse das imagens, decorá-los será tão fácil quanto foi com a lista de compras. Simplesmente dedique certo tempo a cada ítem separadamente, relacionando-o com o seguinte e criando uma história fácil de lembrar.

Você poderia imaginar...

Freddie TRUMAN, ainda de uniforme, tomou um banho gelado (EISENHOWER) e se encontrou com o namorado de plástico da Barbie, Ken (KENNEDY), já que estava no chuveiro. Ken estava usando o xampu de bebê Johnson (JOHNSON) para ficar apresentável para os *paparazzi* que o esperavam com as câmeras Nikon (NI-

XON). Um fotógrafo saiu a toda velocidade em seu carro Ford (FORD) para poder revelar as fotografias. Ia tão rápido que quase atropelou um carteiro (CARTER). Bravo, o carteiro arrancou um regador das mãos de um casal que sempre regava (REAGAN) suas plantas a cada manhã e molhou a câmera do fotógrafo. Depois, escondeu-se correndo atrás de um arbusto (BUSH), mas descobriu que Clint Eastwood (CLINTON), que fugia dos índios, chegara antes ao mesmo esconderijo...

Seja qual for a história, repasse-a várias vezes na sua mente, checando se consegue recordar todas as imagens e vínculos. Quando estiver seguro e confortável com a história imaginária, utilize-a para escrever de memória os dez nomes dos presidentes.

Também é um bom momento para checar se você ainda se lembra das duas listas de vinte palavras (as que começam com *televisão* e *erva*) e os dez artigos da lista de compras. Todas essas informações devem ser reunidas em arquivos individuais. Você já memorizou 60 itens com facilidade.

Imagens

Com a prática, você vai se acostumar a pensar em uma imagem para representar qualquer tipo de informação. A maioria das vezes, não terá se preocupar com cada fragmento da informação, basta pensar em uma imagem que refresque a memória. Afinal de contas, sem estas técnicas você seguramente se lembraria da informação se tivesse um pouco mais *de tempo*. A informação está aí, *em algum lugar*, e você só necessita recorrer a algumas pistas para obtê-la quando realmente a busca.

Digamos que você quer aprender a seguinte lista de tarefas que precisa realizar em um dia de trabalho:

1. Estabelecer uma data para a festa do escritório
2. Fazer um pedido de novos calendários
3. Comprar um presente para o Pablo
4. Organizar uma partida de *squash*
5. Depositar os cheques no banco
6. Reservar as férias

Talvez as imagens a seguir lhe sejam úteis para recordar cada uma das tarefas:

1. A festa, mas com sons, sabores e sentimentos
2. Um grande calendário colorido
3. Pablo, com um presente nas mãos
4. Uma raquete de *squash*
5. Cheques gigantes
6. Uma praia ensolarada

A seguir, você poderia juntar as imagens em uma história como esta:

A festa no escritório já começou e há tanto barulho que os calendários caem das paredes. Um bate na cabeça de Pablo, que enquanto ele abre seu presente, cai no chão, inconsciente. Você, sem pensar, bate nele com a raquete de *squash* para ver se há alguma reação. Como recompensa, ele lhe entrega um cheque, que você utiliza para ir de férias ao Caribe.

Se você repassar essa cadeia de imagens várias vezes durante seu trajeto até o trabalho, terá uma história mental forte e sólida que o ajudará a organizar seu dia. Poderá recorrer a essa lista quando quiser para assegurar-se de que realizou todas as tarefas antes de terminar o seu dia.

Números

Até este momento, nós nos concentramos em recordar palavras e frases, mas também é possível utilizar essas técnicas básicas para memorizar números.

Atualmente, a maioria de nós não necessita aprender grande quantidade de números, apenas senhas, códigos de alarmes, endereços, ramais, aniversários e horários, todos compostos de um número limitado de dígitos. No entanto, contar com uma estratégia para aprender esses curtos grupos numéricos pode nos poupar muito tempo e evitar problemas.

Assim como no exemplo anterior, o truque está em pensar em imagens. Você só precisa investir um pouco de tempo para decidir que imagem representará cada número de 0 a 9, para que você tenha sempre uma disponível para ser utilizada.

Em uma folha em branco, escreva os dez dígitos com espaço suficiente para acrescentar ao lado de cada um deles uma breve descrição (ou rascunho) da imagem que representa.

Você pode basear suas imagens na forma dos dígitos. Neste caso, pode desenhar um balão ao lado do 0, ou escrever "sol" ou "laranja". Ao lado do número um pode escrever "caneta" ou "lápis" ou desenhar uma agulha ou um alfinete. Você só precisa pensar em uma imagem para cada um dos dígitos.

Outra opção é basear algumas das imagens no som do dígito, escolhendo algo que rime. Por exemplo, quatro com quadro, ou oito com biscoito e assim sucessivamente.

Outra possibilidade seria utilizar algum significado que o dígito já possua. Se você nasceu no dia 6, por exemplo, poderia ilustrar o seis na folha com um presente ou bolo de aniversário. O sete poderia se transformar no filme *Sete homens e um destino* e assim por diante.

Quando você já tiver uma imagem para cada dígito, certifique-se que não são parecidas o suficiente a ponto de confundi-las. Você também pode aperfeiçoar o sistema à medida que o utiliza, portanto não tenha medo de retocá-lo ou melhorá-lo.

Utilizar esse sistema numérico é muito simples. Para aprender um grupo de números basta você transformar cada dígito na imagem correspondente e, em seguida, combinar as imagens em uma história. A recomendação essencial é inventar uma história adequada ao motivo de aprender os números.

Por exemplo, se o código para desativar o alarme antifurto for 4274, então o sistema numérico pode ter estas quatro imagens:

QUADRO ARROZ VALETE QUADRO

Você poderia imaginar um quadro com uma imagem de uma plantação de arroz em que aparece no fundo um valete montado a cavalo e carregando outro quadro na mão. Esta história simples lhe proporcionará o número 4274.

O último passo seria relacionar essa história com uma razão para aprender os quatro números. Você pode imaginar o som do despertador para lembrar-se de que as imagens lhe oferecem o código do alarme.

Você talvez queira lembrar a senha da sua conta bancária, que é 7205.

O sete pode ter a imagem de um VALETE (som). O dois pode ser representado por um PATO (forma); o zero, por uma BOLA (forma); e o cinco, por um GANCHO (forma).

Você pode imaginar-se como um valete montado a cavalo que passa ao lado de um pato. Monta no animal e vai voando tranqüilamente até se dar conta de que as pessoas jogam bolas na sua direção. Para defender-se, agarra cada uma das pessoas com um gancho de metal.

Para relacionar essa história estranha com os números originais, você poderia imaginar uma versão animada na tela de um caixa automático. Cada vez que você utilizar o caixa automático na vida real, recordará a história e, conseqüentemente, o VALETE montado no PATO, sendo atacado por BOLAS e recolhendo as pessoas com um GANCHO. Sua senha bancária será, então: 7205.

Pratique utilizando seu próprio sistema numérico e decore os seguintes dados.

Lembre-se:

- Passo nº 1: troque cada dígito pela imagem adequada.
- Passo nº 2: combine as imagens em uma história curta.
- Passo nº 3: relacione a história com a razão para aprender os números.

Datas:
Nascimento de Cervantes: 1547
Morte de Ovídio: 17
Batalha de Waterloo: 1815
Nascimento de Goya: 1746

A seguir estão alguns códigos telefônicos brasileiros. Teste a rapidez com que pode utilizar o novo sistema numérico para registrá-los na memória.

Códigos telefônicos:
São Paulo: 11
Rio de Janeiro: 21
Porto Alegre: 51
Belo Horizonte: 31
Salvador: 71

Qualquer tipo de informação pode se transformar em uma imagem que, por sua vez, pode se relacionar com outras para formar uma história marcante. O que precisa ser feito é compatibilizar a informação com o funcionamento da memória humana.

Como recordar qualquer tipo de informação

Uma das grandes vantagens das técnicas de aprendizado descritas neste livro é que poupam a repetição. Uma vez criadas as imagens e histórias para relembrar uma série de dados, você nunca mais terá de recomeçar o processo. Poderá recorrer ao material mesmo que não o tenha utilizado durante meses; basta lembrar-se das imagens-chave e, ao fazê-lo, você reforça as recordações, em vez de reaprender o mesmo material.

Reserve alguns minutos para recapitular a informação aprendida no decorrer deste livro, assim como as imagens e histórias que puder recordar:

- A lista de compra de dez artigos que começa com CHOCOLATE
- A lista de vinte palavras que começa com TELEVISÃO
- A lista de vinte palavras que começa com ERVA
- A lista dos dez presidentes norte-americanos desde a Segunda Guerra Mundial
- As datas do:
  - nascimento de Cervantes
  - morte de Ovídio
  - batalha de Waterloo
  - nascimento de Goya
- Os prefixos telefônicos de:
  - São Paulo
  - Rio de Janeiro
  - Porto Alegre
  - Belo Horizonte
  - Salvador

Agora você já é capaz de recordar qualquer tipo de informação *tornando-a* marcante e, até este momento, você já aprendeu mais de setenta fragmentos diferentes de informação.

A prática conduz à perfeição, portanto agora tente decorar os números de um a dez em japonês. Não ceda à tentação de pensar que é difícil demais. A técnica é a mesma empregada até agora; portanto, basta inventar uma imagem para cada som e depois estabelecer uma relação entre eles.

1	ichi	6	roku
2	ni	7	nana
3	san	8	hachi
4	sho	9	q
5	go	10	ju

Imagine o seguinte:

1. ichi se parece com Richie
2. ni soa como a negação nem
3. san soa como a abreviação de santo
4. she soa como ela, em inglês
5. go se parece muito com gol
6. roku se assemelha a *rock*
7. nana é como as canções de ninar
8. hachi se parece com haxixe
9. q se assemelha a que
10. ju pode nos fazer lembrar de muitas palavras, como por exemplo, o mês de julho.

Agora imagine uma história:

Encontrei-me com RICHIE no bar da esquina. Não me pareceu NEM mais velho nem mais desgastado que o normal. Olhava fixamente para um retrato de SAN Pedro e tinha curiosidade em saber em saber o que pensava nesses momentos. Quando me viu, a primeira coisa que disse foi "Vá embora, pensei que fosse uma SHE". Ele adorava utilizar esses termos em inglês que identificavam sua origem. No bar, escutou-se um interminável grito de GOOOOL, pois era a esperada final entre o Barça e o Real Madrid. Eu preferia escutar ROCK, mas compreendia o fanatismo futebolístico que nos invadia. Perguntava-me se meu filho pequeno já estaria dormindo. Seguramente sentiu falta da canção de NANA neném a que estava acostumado. De repente, aproximou-se de nós uma figura peculiar e estranha perguntando se queríamos comprar um pouco de HAXIXE. Rejeitamos amavelmente sua oferta (QUE nos pareceu um pouco fora de propósito) e continuamos bebendo a cerveja para aplacar esse calor infernal de JULHO na Europa.

rICHIE... NI... SAN... SHE... GOl... ROCK... NANA... HAXIxe...QUE... JUlho

Dez imagens que o farão recordar os números em japonês.

As melhores histórias e imagens são as que você mesmo inventa; portanto reserve uns minutos para fazer funcionar sua imaginação e elabore a lista. Revise-a várias vezes e reforce o que lhe parece mais fraco ou confuso. Depois, avalie-se a si mesmo recitando todos os números de memória. Se você for capaz de recordar mentalmente a história várias vezes ao dia, em menos de uma semana saberá tudo de cor.

O segredo mais bem guardado

Até agora utilizamos imagens e histórias para unir informações e formar um quebra-cabeças completo daquilo que, de outro modo, seria nada mais do que fragmentos desconexos. Mas existe outra técnica de memorização que se chama "segredo mais bem guardado". Com essa técnica, pode-se chegar ao mesmo resultado, mas com maior facilidade e rapidez. Pouca gente a conhece, mas houve um tempo em que seus benefícios eram muito mais compartilhados.

Na Grécia Antiga, o poeta Simônides foi convidado a uma grande festa oferecida por Scopas. Ocorreu um grande desastre pois o teto do salão de festas desabou, matando todos os convidados, exceto um. Simônides, como único sobrevivente, teve de identificar todos os corpos, reconstruindo mentalmente a disposição das mesas na sala e onde cada pessoa estava sentada.

Sabemos com certeza que um sistema mental baseado em composições estruturais foi utilizado na Roma Antiga. Acredita-se que ensinava os estudantes *como* aprender, antes de transmitir-lhes o conteúdo do aprendizado, e que foi utilizada por Cícero, o grande orador, que empregou somente a memória para dirigir-se ao senado em Roma durante dias e dias.

O princípio é simples: recordar a informação usando imagens a partir de uma estrutura mental conhecida. O sistema funciona com grande precisão, utilizando as conexões que a mente humana realiza entre memória e lugar.

Você já entrou em uma sala e, uma vez ali, não se lembrou por que havia ido? Se voltar ao local onde surgiu a idéia, seguramente vai lembrar-se. Se você escuta fitas ou CDs no carro, com certeza se lembrará onde estava quando escutou tal e tal canção.

O sistema que você está prestes a aprender faz uso do forte vínculo que existe entre memória e localização e o fato de conhecermos muitos ambientes diferentes (caminhos, viagens, edifícios...). Tome como exemplo um ambiente conhecido e o utilize como se fosse um referencial para guardar a informação na mente.

O sistema do itinerário

Passo nº 1. Tome como ponto de partida um edifício que conheça bem. Esta técnica também funciona com caminhos, viagens de carro etc., mas é mais simples começar com um edifício: sua casa, local de trabalho ou talvez um hotel que você freqüente.

Passo nº 2. Divida o edifício em dez áreas separadas. Desenhá-lo em um papel ajuda bastante. As áreas poderiam ser as salas ou até mesmo andares inteiros, ou qualquer outra disposição que você considere adequada. O importante é dividir o edifício em dez áreas.

Passo nº 3. Estabeleça um itinerário a partir de onde você se encontra até o número dez. É essencial ter certeza do itinerário, pois sempre fará o mesmo percurso mental nesse edifício. Um bom método seria pensar na forma mais lógica de ir da área número um até a dez.

Passo nº 4. Feche os olhos e se imagine caminhando pelo itinerário. Comece detectando sua posição na área número um. O que você pode ver? Que odor tem esse lugar? Que ruídos escuta? De que detalhes você se recorda?

A partir daí, visualize-se passando da área um para a dois. Novamente, dê vida a esse lugar na sua mente. Siga fazendo o mesmo, em cada uma das zonas, dedicando um pouco de tempo a cada uma até chegar ao fim do seu itinerário.

Passo nº 5. Para acabar, imagine-se fazendo o percurso contrário. Não deve ser um grande problema, pois na vida real você não teria nenhuma dificuldade em recordar o caminho da sua casa ao trabalho e de volta para casa. É uma boa forma de se assegurar de que tem certeza do trajeto memorizado.

Quando você tiver completado esses cinco passos, estará pronto para executar seu itinerário. Terá sido um tempo útil, pois você poderá recorrer a essa estrutura mental várias vezes, e isso o ajudará a recordar-se de diferentes tipos de informação.

Para utilizar o itinerário, basta colocar um ambiente diferente em cada uma das dez áreas. São as mesmas imagens-chave que utilizávamos para recordar palavras, nomes, idéias ou números. Além disso, o itinerário elimina a necessidade de uma história para unir as imagens, pois a estrutura já está definida. A única coisa a ser feita é concentrar-se nelas.

Utilize sua imaginação para ancorar, o mais forte possível, cada imagem a um local. À medida que você realiza sua viagem mental pelo edifício, pense em formas inusitadas, divertidas, violentas ou marcantes de situar a imagem em cada uma das salas.

Como exemplo, abaixo lhe oferecemos uma amostra de itinerário de uma casa típica:

1. Pórtico
2. *Hall* de entrada
3. Sala de estar
4. Sala de jantar
5. Cozinha
6. Terraço
7. Escadas
8. Banheiro
9. Quarto
10. Escritório

Se você estivesse utilizando esse itinerário para decorar a lista de compras: maçãs, café, biscoito, manteiga, açúcar, laranjas, água mineral, sal, mel e cereais, poderia imaginar...

... ao chegar ao pórtico, você encontrou uma MAÇÃ gigante que ocupava toda a extensão do local. Esforçou-se como pôde para entrar no *hall*, que estava inundado de CAFÉ. Imagine o odor, o contato do líquido quente enquanto chapinha para chegar à sala de estar. Aqui, todos os móveis são feitos de BISCOITO: o sofá, a mesa e até mesmo a televisão. Entra na sala de jantar e há uma refeição recém servida na mesa, mas sobre o prato há somente um enorme pedaço de MANTEIGA. Não parece uma dieta muito equilibrada! Na cozinha, todos os armários e as caixas estão repletos de AÇÚCAR. imagine-se abrindo o armário mais alto e receber uma avalanche de açúcar.

O próximo aposento no trajeto seria o terraço. Há algumas laranjeiras florescendo sob o sol, e as paredes estão pintadas de um LARANJA berrante. A escada transformou-se em uma cascata, mas bastante cara, pois dela cai somente ÁGUA MINERAL. No andar superior há mais três aposentos. No banheiro, a banheira está cheia de SAL. Imagine como você se sentiria se tomasse banho ali e experimentasse a água. Deitar-se na sua cama também é pouco confortável, porque alguém derramou MEL na colcha e tudo está pegajoso. Seu itinerário termina no escritório, onde os livros que havia nas estantes desapareceram e no lugar surgiram muitas caixas de CEREAIS. Há cereais sobre a almofada, escrivaninha e até mesmo sobre o computador, que foi tão caro.

Na prática, recriar um itinerário é muito rápido. Depois percorrê-lo várias vezes, você será capaz de deslocar-se com facilidade de um aposento a outro precisando somente de alguns segundos para visualizar cada lugar. Tente e você vai ver que recordar as imagens acaba sendo incrivelmente fácil.

No itinerário do exemplo, você se lembraria instantaneamente:

- Da maçã invadindo o pórtico.
- Do café inundando o *hall* de entrada.
- Dos móveis feitos de biscoito decorando a sala de estar.
- Da manteiga sobre os pratos da sala de jantar.
- Do açúcar caindo por todos os cantos da cozinha.
- Das laranjas das laranjeiras do terraço.
- Da cascata de água mineral das escadas.
- Do sal enchendo a banheira.
- Do mel derramado sobre a cama no quarto.
- Dos cereais esparramados por todo o escritório.

Elabore seu próprio itinerário. Siga todos os passos do um ao cinco e utilize o lugar escolhido, em seguida, para decorar os seguintes artigos de que você vai necessitar em uma viagem imaginária de férias:

> óculos de sol, bronzeador, biquíni, passaporte, cheques de viagem, máquina fotográfica, sandálias, mapas, raquete de tênis, escova de dentes

É bom ter vários itinerários organizados mentalmente, para poder revezar. À medida que os utiliza, você vai perceber que as imagens desaparecem do itinerário quando quiser voltar a utilizá-los. Por outro lado, se você quiser guardar uma informação importante por um tempo mais prolongado, vá freqüentemente a recapitulando para poder retê-la como uma fonte permanente.

Elabore um segundo itinerário, fácil de recordar, diferente do primeiro, mas sempre seguindo os cinco passos indicados. Quando estiver seguro desta segunda estrutura mental, pratique transformando a seguinte informação em material decorado:

Corpos do Sistema Solar, em ordem, tendo o Sol como ponto de partida.

1. Sol
2. Mercúrio
3. Vênus
4. Terra
5. Marte
6. Júpiter
7. Saturno
8. Urano
9. Netuno
10. Plutão

Assim como já fez com a lista de presidentes norte-americanos e com os números japoneses, você precisa criar uma imagem-chave para cada um desses corpos celestiais. Aqui vão algumas sugestões, mas lembre-se de que o melhor é inventar você mesmo:

1. Sol – o próprio Sol
2. Mercúrio – um termômetro
3. Vênus – a deusa do amor
4. Terra – um montinho de barro
5. Marte – martes (terça-feira em espanhol)
6. Júpiter – a expressão "por Júpiter!"
7. Saturno – satanás
8. Urano – o elemento urânio
9. Netuno – o deus do mar
10. Plutão – parece com Pluto, o cachorro do Mickey

De posse das imagens-chave, basta situá-las em um lugar do seu itinerário. Preste atenção para colocá-las onde seja mais fácil recordar e tente utilizar elementos já presentes na sua estrutura mental (por exemplo, móveis etc.).

Se seu segundo itinerário tiver como base seu local de trabalho, você pode imaginar que está olhando o sol pela janela, que na parede há um termômetro e um pouco de barro sobre o carpete etc.

Dedique a quantidade de tempo necessária para visualizar as dez imagens em cada um dos lugares e depois verifique se você consegue refazê-las mentalmente. Se tiver dificuldade para recordar alguns dos elementos, simplesmente deixe um espaço em branco e passe para a área seguinte. Talvez você precise de mais tempo para recordar algumas imagens, mas lembre-se de que os elementos-chave estão aí.

Quando você se sentir confortável com os novos dados, reserve uns momentos para recapitular toda a informação que aprendeu até agora:

- A lista de compra de dez artigos que começa com *chocolate*
- A lista de vinte palavras que começa com *televisão*
- A lista de vinte palavras que começa com *erva*
- A lista dos dez presidentes norte-americanos desde a Segunda Guerra Mundial
- As datas do:
  - Nascimento de Cervantes
  - Morte de Ovídio
  - Batalha de Waterloo
  - Nascimento de Goya
- Os prefixos telefônicos de:
  - São Paulo
  - Rio de Janeiro
  - Porto Alegre
  - Belo Horizonte
  - Salvador
- Os números de um a dez em japonês
- Dez artigos para levar na viagem de férias
- Dez artigos da lista de compras que começa por *maçãs*

Se também somarmos os planetas do Sistema Solar, obteremos 110 fragmentos de informação diferentes organizados em arquivos mentais. Cada vez que os recordar como acabou de fazer, você os reforçará ainda mais na memória.

Uma das vantagens mais poderosas do sistema de itinerário é que conjuntos de informação podem ser retidos em cada espaço mental. Isto significa a possibilidade de criar um itinerário para guardar os detalhes de todos os projetos que está trabalhando ou de tudo o que você quer que seja feito antes de determinada data. O sistema de itinerários lhe oferece a capacidade de ordenar uma grande quantidade de informação, além de ser criativo, acrescentando e eliminando imagens sempre que necessário.

Memorizar grupos de informação

Utilizando o itinerário da "casa" anteriormente descrito, oferecemos um exemplo de como incluir e memorizar *grupos* de informação.

Você poderia decidir fazer do pórtico seu aposento de "treinamento de funcionários", se isso fizesse parte das funções.

Você poderia recordá-lo com imagens chave que lembrassem:

- O curso de atividades ao ar livre que precisa reservar (cordas balançando no pórtico)
- Os nomes Judy e Roy, funcionários da empresa que você precisa encontrar para trocar opiniões (Judy po-

deria estar na cozinha e usar sapatos vermelhos como os de Judy Garland, e Roy poderia tocar guitarra e estar vestido como Roy Orbinson)

- O dia 3 de julho, um prazo importante (os dias que você deve se lembrar são 3 e 7, portanto associe com palavras foneticamente similares como ESTRESSE e VALETE, criando uma cena com essas palavras na porta da casa).

Sempre que você voltar mentalmente ao pórtico, encontrará as imagens- chave que o farão recordar o curso de treinamento. Você pode acrescentar ou eliminar imagens quando necessário. Para isso, visualize como se apagam as imagens antigas da mente ou simplesmente pare de dar-lhes destaque até que, pouco a pouco, elas vão desaparecendo da sua memória.

Você poderia estabelecer que o banheiro fosse o local para recordar os detalhes das tarefas chave que precisa realizar antes do final do mês. Imagine:

- Que você se encontra em um banheiro repleto de velhos cartazes nas portas (já que precisa fazer um novo pedido)
- Que tira os disquetes do computador pela pia (para lembrar-se de que precisa substituir uns programas de informática)
- Descobrir um famoso jogador de golfe lavando os tacos no chuveiro (para lembrar-se de organizar um torneio de golfe para seus colegas de trabalho)

- Ver uma pessoa chutando alguns biscoitos, para lembrar-se de que dia 18 é o dia do torneio – uma pessoa (nº 1) e biscoito (nº 8).

Os itinerários mentais também podem ajudá-lo a ler, digerir e recordar textos e documentos. Ao ler, crie o hábito de dividir a informação em pontos-chave. Cada ponto deve ser ilustrado com uma imagem-chave. Mas o que são os pontos-chave? Quanta informação detalhada você precisa guardar e que imagens associar a cada um desses pontos essenciais?

À medida que for lendo, escreva palavras ou frases-chave que funcionem como "lembrete". Por exemplo, se você estivesse lendo um documento sobre uma mudança de instalações, poderia escrever:

- Deslocamento
- 5 de dezembro
- Para Madri
- Três novas vagas de trabalho
- David será o encarregado do projeto

Quando você tiver terminado, deverá associar a cada ponto uma imagem-chave. Que imagem seria mais adequada para cada idéia?

Você poderia escolher:

- Uma van de traslado.
- Alguém com um gancho (5) tentando tirar um alfinete (1) que foi cravado em um pato (2): 5/12

- Madri
- Abelhas trabalhadoras (3)
- O *David* de Michelangelo.

Ao reter essas imagens em itinerários mentais, você poderia imaginar:

- Uma van de traslado batendo contra o pórtico
- Uma pessoa no *hall* de entrada tentando curar o pato, tirando o alfinete com o gancho
- Um quadro de Madri na sala de estar
- Três abelhas trabalhadoras comendo restos de comida na sala de jantar
- A escultura de *David* de Michelangelo no meio da cozinha

Como sempre, o processo parece muito mais complexo por escrito do que na prática. Você poderia facilmente incluir essas imagens em um itinerário enquanto lê este livro, e o hábito de começar com uma imagem torna-se muito mais fácil de ser assimilado. Você logo perceberá que estará automaticamente condensando todo o material que lê e criará ilustrações marcantes com incrível facilidade.

É claro que ler desse modo torna o processo mais lento, mas quantas vezes você lia sem efetivamente captar a informação? A leitura ativa se centra mais em um objetivo, sendo portanto mais cansativa, mas você pode realizá-la em períodos curtos de tempo para extrair exatamente o que quiser. Tente e logo vai notar que a leitura não consiste somente em ler, mas sim em entender e aprender.

QUINTA

Um artigo recente publicado em um conhecido jornal analisava um relatório sobre o que as pessoas menos gostavam de fazer no trabalho e como mudariam esses aspectos se pudessem. Nele, havia duas colunas, uma de queixas e outra de desejos com dez pontos em cada uma, exatamente como você poderia ter feito se tivesse de resumir o relatório da pesquisa.

Para praticar a ilustração das idéias extraídas de textos extensos e fixar as imagens em um itinerário, tente criar uma ilustração que represente cada um dos desejos descritos a seguir e depois estabeleça uma relação entre eles para formar uma referência mental.

Os dez desejos máximos:

1. Trabalhar menos horas
2. Mudar a visão da empresa
3. Ter horário flexível
4. Evitar longos deslocamentos até o trabalho
5. Trabalhar em casa
6. Mudar de emprego
7. Ter mais funcionários
8. Ganhar mais
9. Aposentar-se
10. Não se estressar tanto

Aprender a aprender

A data de um exame se aproxima e você está uma pilha de nervos, já que tem consciência de tudo de que precisa se lembrar. Sua mente parece estar em branco, dando voltas sem sentido. Você precisa fazer uma apresentação importante e sente grande estresse e ansiedade, convencido de que no exato momento esquecerá tudo e fará papel de bobo na frente de todos. A entrevista de rádio que lhe dará a oportunidade de falar sobre a empresa e seu funcionamento é amanhã, mas será que você vai se lembrar de todos os nomes? Conseguirá se expressar como deseja? Essas são reações típicas, e todos já nos sentimos assim. De alguma forma, parece que tudo o que sabíamos se perdeu nos esconderijos cerebrais.

Entretanto, acreditamos que não seja assim. Se você colocar em prática os conselhos a seguir e realizar a preparação necessária, estará pronto para o sucesso. É bom saber que, se você utilizar estes conselhos e técnicas de forma regular, poderá reforçar sua capacidade de aprender, recordar e responder perfeitamente a prova, dar a entrevista tão importante ou realizar uma apresentação impecável sem ter de sequer recorrer às anotações.

Passo nº 1: situe-se naquele que é seu melhor ambiente de aprendizado. Não faz muito sentido lutar para aprender efetivamente se o lugar onde você se encontra é excessivamente barulhento ou tranqüilo, quente ou frio, organizado ou bagunçado. Seja qual for o ambiente ideal, tente recriá-lo antes de começar a trabalhar com o material que deseja aprender e recordar. Vale a pena mencionar que as pesquisas atuais afirmam que o calor, a música, o odor e a pintura da parede do aposento onde você se encontra e, até mesmo o lugar onde está sentado, podem ter um efeito importante nas suas emoções e, conseqüentemente, na sua atitude frente ao trabalho.

Passo nº 2: assegure-se de que seu estado mental é positivo. É muito importante sentir-se bem em relação a si mesmo e às próprias capacidades e prever um resultado positivo. Assim como nenhum atleta se prepararia para correr com um estado mental negativo, você deve adotar uma atitude similar frente ao trabalho. Tome consciência dos pensamentos negativos e os substitua por idéias construtivas e positivas.

Técnicas de visualização criativa talvez o ajudem. Trata-se de um método para relaxar mentalmente e criar um estado mental positivo em qualquer situação que você esteja enfrentando; uma fórmula para prepará-lo para o sucesso, e não para o fracasso.

Outras técnicas incluem a afirmação, ou seja, repetir afirmações positivas sobre si mesmo e suas capacidades. A outra técnica, a da mudança, tenta eliminar todas as idéias negativas sobre si mesmo e encontrar a forma positiva de enfrentar algum obstáculo.

Lembre-se de que tudo tem um lado positivo, só que às vezes demoramos mais para encontrá-lo. Opte por ressaltar suas capacidades e aprender novas técnicas.

Passo nº 3: ver o que é melhor no seu caso particular. Isso pode parecer fácil de dizer, mas difícil de fazer, sobretudo se você se vir obrigado a lidar com informações que não o atraem especialmente. No entanto, você seguramente se sentirá mais motivado para aprender, se descobrir em que a informação pode servir-lhe e como utilizá-la. Assim, você passará de aprendiz passivo para ativo. Lembre-se que tudo tem seu lado positivo, basta encontrá-lo.

Passo nº 4: esteja preparado para voltar a aprender. Criamos hábitos na nossa forma de pensar e, conseqüentemente, podemos impor limites a nós mesmos devido às fronteiras mentais que construímos no decorrer das nossas experiências passadas. Sair dessa estrutura e aceitar novos pontos de vista ajudam a criar uma atitude mais positiva frente ao processo de aprendizado e de obtenção de informação. Você deve recordar também a importância da perspectiva global de aprendizado que abordamos no capítulo anterior.

Passo nº 5: seja corajoso e não se deixe vencer por erros ou problemas do passado que possam parecer insuperáveis. Talvez a forma que lhe ensinaram no passado não fosse adequada a você, mas ainda podemos fazer algo a esse respeito, agora que você já sabe qual técnica de estudo é mais indicada no seu caso, a visual, auditiva, cinestésica ou uma mescla das três. É muito cômodo permanecer no mesmo lugar em vez de tentar encontrar outras formas de aprender e novas áreas de conhecimento. Não se limite nem se apegue à idéia "melhor um mal conhecido do que um bem por conhecer".

Passo nº 6: tenha claro o seu objetivo em relação ao que está prestes a aprender. Ao mesmo tempo, tome consciência de tudo o que já sabe e alimente a confiança em si mesmo. Disponha-se a olhar para as conquistas e vitórias do passado e veja quão longe você já chegou. Por que não faz uma lista de tudo que conseguiu até agora? Tenha um caderno para comemorar suas conquistas, coloque fotografias, diplomas, certificados ou qualquer outro documento que lhe recorde constantemente experiências positivas. Que não lhe ocorra acreditar na afirmação negativa de que o auto-elogio não é bom.

Passo nº 7: recompense a si mesmo de forma regular, por tudo o que está conseguindo. Se você tem trabalhado muito e atingido os novos objetivos que se havia proposto, que mal há em presentear-se com um dia livre para fazer algo que realmente lhe agrade ou comprar algo para si? É importante preparar-se também para os momentos difíceis. Seja bom consigo mesmo; uma dia em um balneário, um banho relaxante com aromaterapia, deitar na rede com um copo de vinho e um livro poderiam ser boa idéia.

Passo nº 8: mantenha-se em excelentes condições comendo bem, dormindo tranquilamente e fazendo exercícios de forma regular. Uma dieta saudável e equilibrada, além de evitar esse "estica-e-puxa" constante de seu corpo, também alimenta sua energia e o ajuda a manter-se desperto mentalmente. Os bons hábitos de sono também o ajudarão a manter-se nesse nível ótimo. Se você não está dormindo bem, considere diferentes formas de relaxar antes de ir para a cama.

Você precisa comprar um novo colchão? Um óleo relaxante ou outro travesseiro o ajudariam? E uma música tranqüila? Talvez um protetor de ouvido? Você também deve praticar exercícios regularmente, pelo menos duas vezes por semana. Às vezes, basta levantar um pouco mais cedo e caminhar alegremente para ter um dia mais enérgico e positivo; e, sem dúvida, depois de um dia cheio de tensão, um pouco de exercício ajuda a eliminar o estresse.

Passo nº 9: é essencial praticar e repassar os conhecimentos adquiridos. Assegure-se de que você armazena a informação necessária no seu cérebro de uma forma significativa e não se esqueça de repassá-la com freqüência para reforçá-la.

Ao utilizar esses conselhos e técnicas, você desenvolverá uma atitude mental muito mais saudável em relação ao aprendizado e à memorização. Você se sentirá mais positivo ao se deparar com informações novas. De qualquer forma, sua capacidade para absorver fatos de forma compreensiva aumentará e se tornará mais fácil, pois você terá mais confiança em si mesmo no momento de recordar informações para provas, entrevistas, apresentações ou qualquer outro tipo de situação em que a comunicação seja posta à prova.

Desse modo, o que você pode fazer para começar a incorporar esses conselhos à sua vida cotidiana e adquirir a atitude mental mais positiva possível para aprender e recordar?

Ação

1. Você está no seu melhor ambiente de aprendizado? Que mudanças pode realizar?
2. Você tem uma atitude mental positiva? Que melhorias pode implementar?
3. Como obter maior vantagem de qualquer experiência de aprendizado? O que pode fazer no seu caso?
4. Com quais barreiras mentais você se depara? Cite uma limitação que você se impôs em relação ao aprendizado ou à memorização. De onde ela vem? Como eliminá-la?
5. Qual é o seu estilo de aprendizado preferido? Como você poderia melhorar suas capacidades em outras modalidades? Repasse mentalmente um erro ou fracasso. Se tivesse a oportunidade de reviver a situação, o que faria para atuar de forma mais positiva?
6. Cite cinco acontecimentos recentes para avaliar suas capacidades. Identifique cinco aspectos que você gostaria de desenvolver.

Ação

7. Como recompensar-se quando é bem-sucedido? Como mimar-se um pouco? Como animar-se quando as coisas vão mal?
8. Como melhorar sua dieta? E seu condicionamento físico? Dorme o suficiente? Dedica o tempo necessário ao relaxamento?
9. Como você poderia colocar em prática tudo o que está aprendendo sobre aprendizado e memória?

Para concluir, vejamos se você consegue recordar as listas dos dias anteriores:

- A lista de compra de dez artigos que começa com *chocolate*
- A lista de vinte palavras que começa com *televisão*
- A lista de vinte palavras que começa com *erva*
- A lista dos dez presidentes norte-americanos desde a Segunda Guerra Mundial
- As datas do:
  – Nascimento de Cervantes
  – Morte de Ovídio
  – Batalha de Waterloo
  – Nascimento de Goya
- Os prefixos telefônicos de:
  – São Paulo
  – Rio de Janeiro

  - Porto Alegre
  - Belo Horizonte
  - Salvador
- Os números de um a dez em japonês
- Dez artigos para levar na viagem de férias
- Dez artigos da lista de compras começando por *maçãs*.
- Dez desejos

As habilidades humanas

Xerxes, rei da Pérsia no século VI a.C. afirmou saber os nomes dos 100.000 homens sob seu comando.

Mais recentemente, o funcionário norte-americano dos correios, James Farley, tinha a reputação de conhecer 20.000 pessoas pelo nome. Ele mesmo descrevera essa habilidade como "o elogio mais efetivo".

Ser capaz de recordar nomes e relacioná-los com rostos talvez seja a habilidade mental que a maioria das pessoas mais gostaria de aperfeiçoar. Imagine que você está em uma festa e acabou de ser apresentado a alguém. Um velho amigo se aproxima e, nesse momento (das apresentações), você percebe que não se lembra de nenhum nome.

Ou, em uma conferência, um conhecido o cumprimenta efusivamente e começa a falar sobre um projeto que vocês devem empreender juntos. É óbvio que ele se lembra de você, mas o que aconteceria se percebesse que você não tem a mais remota idéia de quem ele seja?

Imagine como você se sentiria seguro de si se pudesse recordar os nomes das vinte pessoas que acaba de conhecer em um evento. Pense como seria bom lembrar-se do nome de cada pessoa, sua profissão e vários dados pessoais. Pense nas vezes em que alguém se lembrou de você. Você com certeza se sentiu profundamente lisonjeado, pois isso mostrava que a pessoa se interessava por você e valorizava tê-lo conhecido.

O primeiro passo para se lembrar das pessoas é prestar atenção quando dizem o nome em uma apresentação. Às vezes, estamos tão preocupados em cumprimentar e falar algo divertido que o nome entra por uma orelha e sai pela outra. Dez segundos depois já não fazemos a menor idéia de como a pessoa se chama.

Se for um nome incomum, pergunte a origem, o que significa, como se soletra. Talvez o nome tenha algum significado para você que valeria a pena mencionar. Escute e tente lembrar-se desse nome.

Uma visualização do nome também ajuda muito. Imagine-o por escrito? Ao fazê-lo, esforce-se para escutar e se concentre; é tudo o que você normalmente necessita para recordar-se depois. Muitas pessoas ficam surpresas ao descobrir o quanto sua memória melhora em relação a nomes simplesmente colocando em prática esses dois passos simples.

O terceiro passo consiste em pensar em alguma imagem-chave. O que esse nome lhe sugere?

Você pode pensar em uma pessoa famosa com o mesmo nome. Também pode ser o sobrenome a fornecer a pista, fazer-lhe recordar uma profissão, um objeto, lugar ou animal. Não é necessário que a imagem ilustre o nome por inteiro, basta refrescar sua memória. Afinal de contas, sem essas técnicas, você com certeza acabaria se lembrando do nome em algum momento, talvez durante um banho relaxante uma semana depois. A informação está disponível em algum lugar, e essas imagens-chave o ajudarão a obtê-la quando necessário.

À medida que a imagem se forme em sua mente, relacione-a com a pessoa real utilizando tudo o que você vê. Tente conectar suas imagens com algo marcante sobre a aparência física. Por exemplo, se você acaba de ser apresentado ao sr. Açougueiro, pode imaginá-lo com uma faca grande cortando carne. Como você se sentiria se isso estivesse realmente acontecendo na sua frente? O que, na aparência física desse homem, poderia lhe fazer recordar que seu sobrenome é Açougueiro? Talvez a estampa da gravata que se parece com um filé de carne; talvez a maleta repleta de ganchos e facas.

Concentre-se em criar elementos desencadeantes de memória em número suficiente para lembrar-se durante a conferência, festa ou entrevista. Depois você decidirá de quem é necessário lembrar-se no futuro. Então poderá reservar um tempo para consolidar suas imagens e acrescentar detalhes extras para não se esquecer nunca desses nomes.

Aqui lhe oferecemos alguns exemplos de imagens-chave:

Sobrenomes:

- Gil: como o cantor e compositor Gilberto Gil
- Camargo: como a construtora Camargo Correa
- Andrade: como o poeta Carlos Drummond de Andrade
- Leão: o animal
- Bento: como o personagem de quadrinhos Chico Bento

Nomes próprios:

- Carmem: Carmem Miranda
- Donna: Madonna
- Leonardo: Leonardo da Vinci
- Júlio: Julio Iglesias

Júlio Bento poderia ser visualizado como o personagem Chico Bento cantando as músicas de Julio Iglesias. Carmem Andrade poderia ser lembrada como uma famosa atriz recitando versos de Carlos Drummond de Andrade. O truque consiste em relacionar as imagens e mantê-las disponíveis para acrescentar recordações adicionais quando desejar.

Cada novo fragmento de informação pode relacionar-se com uma imagem e recriar um panorama mental. Você pode associar a Júlio Bento o personagem dos quadrinhos que canta as músicas de Julio Iglesias enquanto anda de bicicleta e lê um livro (os dois *hobbies* que ele lhe disse que cultivava).

Tente se lembrar dos nomes das pessoas utilizando essas técnicas e logo perceberá que já os sabe de cor. Essas imagens estranhas vão desaparecendo pouco a pouco da sua memória e chegará um momento em que você não vai saber por que, simplesmente vai lembrar-se deles.

Não se preocupe se você erra os nomes. Há inúmeras piadas sobre pessoas que confundem as imagens mentais e cometem gafes constrangedoras, mas isso não costuma acontecer. As técnicas de memorização ampliam suas oportunidades para aprender mais nomes, e, quando você tiver adquirido o hábito de recordar, o sentimento de confiança em si mesmo será forte o suficiente para que você se recorde.

A seguir, estão dez nomes e aspectos relacionados a cada um deles. Aprenda-os utilizando os itinerários mentais. Pense em imagens que lhe possam remeter aos nomes, sobrenomes e fatos relacionados e tente situá-los ao longo de um itinerário.

Alejandro Tapias: gosta de pescar
Sheila Walker: é de origem norte-americana
Rafael Rodrigues: é técnico de informática
Fernando Carmona: sua esposa se chama Raquel
Ricardo Caparrós: é um bom jogador de tênis
Jane Webster: é inglesa
Mara Garcia: é contadora
Juan Domingo: casado com Maria

Para recuperar a informação, você só precisa voltar ao início, mudando mentalmente de aposento. Cada área do itinerário deveria conter pistas para recordar os três fragmentos mais importantes de informação: nome, sobrenome e dado pessoal.

Quando você se sentir seguro com as imagens que criou, descubra quanta informação é capaz de escrever de memória. Você talvez não se lembre de cada uma das dez pessoas que lhe foram apresentadas, mas não há dúvidas de que esta técnica o ajudará a sentir-se mais seguro e a recordar quem verdadeiramente lhe interessa.

Um pensamento criativo também é uma boa base para manter conversas estimulantes. Se você se acostuma a pensar com imagens desde o primeiro momento em que é apresentado a alguém, vai adquirir a atitude e estrutura mental adequadas para discutir idéias, possibilidades e resolver problemas. Também estará consciente do que a outra pessoa deve fazer para lembrar-se de você. Dê a ela tempo para escutar seu nome e assimilá-lo. Quando falar sobre si mesmo, tente contar histórias e ser gráfico para suscitar respostas emocionais e imagens que sirvam de lembrete.

O fato de as pessoas se lembrarem de você vai lhe fazer muito bem, e até mesmo estratégias simples como essa podem ser muito mais efetivas que o mais luxuoso cartão de apresentação.

Comunicação efetiva empregando a memória

Conversas, entrevistas e apresentações

O que você já aprendeu sobre o funcionamento cerebral e a melhor forma de aprender e recordar pode fazê-lo sobressair-se em situações públicas. Sua mensagem será atrativa à platéia como um todo se considerar os nove pontos a seguir:

1. Assegure-se de fazer um desenho com as palavras que utiliza. Lembre-se de que o cérebro gosta de imagens pouco comuns, dramáticas e emotivas. Utilize exemplos e metáforas.
2. Empregue as três modalidades, oferecendo à platéia algo para ver, ouvir e fazer.
3. Inclua este tipo de informação e apresente-a de uma forma que atraia tanto os que pensam predominantemente com o hemisfério direito quanto os do esquerdo. Utilize o poder sensorial de seus ouvintes. Seria possível ou apropriado captar seu sentido de visão, tato, paladar ou olfato?
4. Coloque-se no lugar do público, pesquise um pouco. Como pensam? Demonstre empatia ao compreender que as pessoas se baseiam em primeiro lugar em sua forma de pensar habitual e depois em seus sentimentos e emoções. Ajude-os a relacionar a informação com o que já conhecem para levá-los a novos territórios e personalizar as mensagens que você envia. Utilize o que você acha que vai comovê-los ou os influenciar emocionalmente.
5. Saiba que a forma de abertura e encerramento de uma apresentação será muito importante e aproveite imagens sugestivas nesses momentos. As pessoas prestam maior atenção ao início e ao final de uma entrevista ou apresentação; portanto, é crucial assegurar-se de que a platéia não perde o interesse ao longo do discurso. Preste atenção na estrutura do desenvolvimento e, novamente, utilize imagens, desenhos, conte uma história, uma passagem e ofereça aos ouvintes algo para ver, escutar ou fazer. Estabeleça vínculos e relações com o que foi dito e direcione-os para seguir adiante.

6. Antes de começar uma apresentação ou entrevista, antecipe seu sucesso, visualizando mentalmente como será. Imagine-se bem preparado, dinâmico, interessante e com uma boa acolhida por parte do público. Veja e sinta o quanto a platéia é receptiva. Imagine como se sentiria ao receber cumprimentos. Agora, pratique para aperfeiçoar seu discurso. Imaginar e prever acontecimentos é importante, mas não suficiente.
7. Utilize as técnicas de aprendizado e memorização que aprendeu no decorrer deste livro e elabore mentalmente sua apresentação, organizando a informação-chave em um de seus itinerários. Utilize sempre lembretes e pense como seu discurso seria impressionante se você não perdesse nenhuma vez o contato visual com o público, e não tivesse de recorrer a folhas ou anotações. Sempre ficamos gratamente impressionados com os indivíduos que demonstram um grande domínio profissional e que são capazes de falar sem seguir um roteiro.

8. Se for utilizar recursos visuais, lembre-se de que devem ser coloridos e de que você deve destacá-los para que causem grande impacto. Utilize muitas imagens e pouca palavras. Não se esqueça: "uma imagem vale mais que mil palavras".
9. Lembre-se da importância de ser positivo em sua mensagem. Se você cultiva uma atitude mental positiva, não só vai mudar a visão que tem de si mesmo, como também acrescentará uma nova dimensão à sua forma de apresentar-se aos demais. Se você acredita que está cheio de energia e convicção, estas qualidades farão com que o público se sente e o escute. Não se esqueça de que você é seu melhor recurso visual!

Assim, o que você pode fazer para melhorar o seu impacto em uma conversa, apresentação ou entrevista?

1. Como melhorar seu vocabulário?
2. Como recorrer às três modalidades de aprendizado?
3. Como captar a atenção de quem pensa predominantemente com o hemisfério direito do cérebro? E no caso do esquerdo?
4. Como envolver seus ouvintes em experiências sensoriais?
5. Como se identificar com o ponto de vista deles, com suas necessidades e emoções?
6. Como fazer uma abertura e encerramento de impacto?

7. Como manter o interesse do público ao longo da apresentação?
8. Você é capaz de visualizar seu sucesso?
9. Consegue selecionar os pontos-chave da sua apresentação, entrevista ou conversa e situá-los em um itinerário mental?
10. Como melhorar seus recursos visuais?
11. Por fim, que mensagem positiva você poderia emitir sobre si mesmo e suas capacidades como orador ou entrevistador?

A importância do aprendizado ao longo da vida e o plano pessoal de melhoria da memória

Transformar-se em um eterno aprendiz

O termo eterno aprendiz parece estar na moda atualmente. No entanto, essa prática é comum entre todos os grandes vencedores e aqueles que nos serviram de modelo ao longo dos séculos. Pessoas assim possuem em sua natureza uma grande curiosidade e entusiasmo em conhecer, estimulam continuamente o cérebro, criando desafios e exercitando a mente; alguns exemplos poderiam ser os já citados Da Vinci, Carroll e Eisenstein.

Talvez não seja sua intenção se igualar a essas pessoas que alcançaram metas tão elevadas de conhecimento, mas, após ler e praticar os exercícios que propusemos ao longo da semana, agora você tem consciência do enorme potencial que possui dentro de si. Seu cérebro está à espera, desejoso e capacitado para aprender e recordar. Dado que o potencial está aí, opte por alimentar e estimular alguns dos milhões de células que lhe sobram.

A boa notícia é que o fato de ter comprado e lido este livro o coloca na categoria de eterno aprendiz. Para continuar o processo, aqui vão algumas sugestões:

Veja as vantagens.

Como resultado de um aprendizado ao longo da vida, você seguramente:

- Continuará potencializando e mantendo sua auto-estima
- Exercitará os músculos mentais
- Sairá da sua zona de acomodação e explorará outros excitantes reinos do conhecimento
- Desenvolverá novas técnicas
- Vai se manter em forma, estimulado e motivado
- Criará e manterá um círculo de energia positiva para o aprendizado
- Aprimorará seu conhecimento
- Aumentará seu potencial de salário
- Será mais criativo
- Utilizará mais o cérebro
- Vai se sentir muito mais entusiasmado com a vida e com o que ela pode lhe oferecer

Como conseguir

Como você pode se assegurar de que o aprendizado contínuo fará parte da sua vida diária?

- Crie o espaço para aprender. Aproveite o tempo de deslocamento ou de espera para ler livros ou escutar fitas que aportem um novo conhecimento. Levante-se um pouco mais cedo que o normal e caminhe com um *walkman* ou faça exercícios de bicicleta lendo um livro. Leia na banheira e na cama. Desligue mais a televisão.
- Matricule-se em algum curso para obter melhores qualificações profissionais. Hoje em dia a oferta é enorme. Há cursos que oferecem estrutura, um objetivo e um direcionamento a seguir e, além disso, permitem compartilhar diferentes estímulos de aprendizado.
- Identifique uma necessidade. O que você poderia aprender que lhe acrescentasse algo ao trabalho ou à sua qualidade de vida?
- O seu ambiente profissional é o mais proveitoso possível? Você poderia criar uma atmosfera mais propícia para o aprendizado? Não se esqueça de que, mesmo em um trem completamente lotado, você ainda pode utilizar um *walkman*. Lembre-se de que há horas mais favoráveis do dia para aprender e que um período de tempo reduzido, mas intenso, pode ser melhor que muitas horas dedicadas ao estudo.
- Tente mergulhar em uma matéria determinada, abarcar todo o possível e se aprofundar no aprendizado. Tome consciência de todo o seu conhecimento.

- Faça uma avaliação médica. Você precisa realizar mudanças na sua dieta? Está em forma? Dorme bem?
- Utiliza sua técnica ou método favorito de estudo? Assegure-se de absorver nova informação de modo a lhe trazer maiores benefícios. Ao mesmo tempo, tente criar novos pontos fortes em outras modalidades para obter um aprendizado global. Compare seu cérebro a uma academia de ginástica. Quanto mais você utilizar os diferentes aparelhos da academia, mais em forma estará.
- De qualquer forma, tente utilizar ambos os hemisférios cerebrais para equilibrar o aprendizado. Estabeleça desafios para si mesmo. Se, por exemplo, você não se considera muito bom em matemática, imponha-se desafios nesse campo. Perceba que o pensamento negativo o impede de realizar muitas coisas; portanto, modifique sua atitude mental e matricule-se em aulas de matemática ou compre livros que o ajudem a melhorar. Pense que, além de melhorar e desenvolver o hemisfério cerebral esquerdo, você elevará muito a confiança em si mesmo.

- Adquira uma atitude mental positiva e não se menospreze quando cometer algum erro. Mantenha seu entusiasmo frente ao conhecimento. Essa atitude vai render bons frutos.

Dicas para recuperar a memória

Já foram criadas numerosas estratégias para auxiliar a memória das testemunhas de delitos e podemos extrair delas certos truques aplicáveis também à nossa memória. A seguir, apresentamos quatro pontos-chave:

1. Recriar as condições iniciais

As testemunhas de crimes ou acidentes, freqüentemente, precisam se lembrar como estava o clima, se fazia calor, se ventava, quais eram seus sentimentos, se tinham fome ou sede, se estavam tristes ou contentes, entusiasmadas ou aborrecidas no momento em que ocorreu o incidente.

Esta técnica também é útil quando se tenta recordar as imagens de uma história ou um itinerário. Tente recordar sentimentos e talvez consiga recuperar as imagens exatas que você busca.

2. Concentrar-se nos detalhes, mesmo parecendo banais

Vimos que o cérebro funciona baseando-se em um esquema de correlações e que a informação necessita de um vínculo para que possamos recordá-la. Conseqüentemente, qualquer detalhe de que você se lembre pode ser usado como ponto de partida para começar uma cadeia de associações que o leve ao que tenta recordar.

Se, por exemplo, você volta mentalmente a um de seus itinerários e se lembra de um detalhe que não pareça importante para a imagem que procura, ainda assim vale a pena concentrar-se nele para ver aonde conduz. Pode sugerir algo diferente; algo que se relacione com outro pensamento, e assim, de repente, surge a imagem desejada.

3. Visualize uma cena de que você se lembra sob outro ponto de vista

Costuma-se pedir às testemunhas de roubos de bancos que imaginem o que os ladrões poderiam ter visto; você pode empregar o mesmo princípio para estimular sua memória. Adquira o hábito de visualizar um itinerário, história ou cena mental de diferentes ângulos e deixe que sua mente se encarregue de buscar o detalhe que falta.

4. Rebobine mentalmente

Quando ocorre algum acidente de tráfego, com freqüência pede-se às testemunhas que rebobinem mentalmente o ocorrido: que visualizem a colisão entre os carros, que descrevam o que acontecia antes da batida e que levou à ocorrência do acidente.

É uma estratégia especialmente útil quando se tenta recordar fazendo uso de uma história ou itinerário. Se a recordação em ordem cronológica não funcionar bem, tente rebobinar.

Seu plano de ação pessoal

Ainda que você leia muito sobre um assunto ou se sinta muito mais inspirado, a única forma de fazer com que o conhecimento lhe seja concretamente útil é colocando-o em prática.

Você já sabe que, utilizando alguns dos exercícios apresentados neste livro, é capaz de recordar cerca de 200 informações, até agora. Não há nada como lutar para obter um resultado. Entretanto, muitas vezes, depois de terminarmos um curso ou um livro, colocamos todo o material escrito em uma prateleira e continuamos como antes.

É por essa razão que preparar um plano de ação pessoal é uma idéia tão boa. Estabelecendo objetivos e prazos limite por escrito em um lugar que sirva de lembrete contínuo do que você quer conseguir fará com que você passe à ação de uma maneira mais *constante*.

Tome como ponto de partida a informação que consta do esquema a seguir, acrescentando o que for necessário para que se adapte a você. Por exemplo, sob a epígrafe "aprendiz eterno" você pode incluir diferentes temas ou assuntos que quer abarcar, anotando ao lado de cada um a palavra **Como**? seguida dos prazos em **Quando?**

O quê?	Como?	Quando?
• Pensar positivamente • Adotar uma atitude global • Seguir um aprendizado contínuo • Sair das zonas de acomodação • Ser consciente dos sucessos recentes • Ter uma ótima saúde • Encontrar tempo • Identificar as vantagens • Destruir os obstáculos mentais • Recompensar-se a si mesmo • Praticar e revisar • Desenvolver sua imaginação • Memorizar dados úteis • Memorizar números úteis • Desenvolver novos itinerários para recordar		

Testes

Neste ponto, você deveria confiar bastante na sua memória e estar consciente do que é necessário para fazê-la funcionar. Os princípios básicos são simples e as aplicações, infinitas.

Enriqueça a informação que você precisa aprender com:

- Imagens
- Desencadeantes emocionais
- Exageros
- Esquemas

Tudo pode ser compatível com o funcionamento da sua memória e ser representado como imagens vinculadas: trabalhos, nomes, horas, datas, dados, apresentações, entrevistas, respostas, relatórios... Adotando a forma adequada, seu cérebro pode acumular uma quantidade ilimitada de dados.

Para confirmar o progresso que você realizou desde que começou a leitura deste livro, faça estes últimos testes. Utilize a técnica que quiser, individual ou combinada. Você pode impor a si mesmo testes similares no futuro para exercitar sua memória.

Teste nº 1: lista de palavras

Decore a seguinte lista de palavras. Tente fazê-lo em menos de cinco minutos e depois confira o resultado.

espada, bolsa, cortina, pudim, rastelo, bomba, trombone, tubarão, montanha, dragão, folha, café, biscoito, CD, bota, pente, grade, gelo, forno, máquina fotográfica

Teste nº 2: lista de tarefas

Memorize a seguinte lista de tarefas. Novamente, em um período máximo de cinco minutos.

1. Organizar a correspondência que acaba de chegar
2. Levar o *laptop* para consertar
3. Marcar uma reunião com a Kelly
4. Cancelar a viagem à Índia
5. Ir ao banco
6. Entregar as faturas
7. Jogar *squash*
8. Telefonar para Chris (ramal 263)
9. Tomar café da manhã com Andy
10. Reservar férias, com início em 25 de agosto

Teste nº 3: números

Utilize seu sistema numérico para decorar os seguintes ramais imaginários. Você tem dez minutos.

Scott: 8305

Margarida: 1876

Jaime: 2236

Patrícia: 4907

Daniel: 9301

Teste nº 4: nomes

A seguir temos uma lista das dez pessoas que você terá de encontrar depois de uma conferência. Você tem dez minutos para aprender os nomes de forma a escrever a lista completa de memória.

Francisco Delgado, Noemi Estrada, Maria Álvarez, Raquel Fernandes, Guilherme Garcia, Cristina Nouveau, Rafael Carillo, Rodrigo Barranco, Marta Carmona, Sara Rigol

Para terminar a avaliação, repasse toda a informação que você aprendeu no decorrer deste livro para verificar se continua fresca na sua memória.

- A lista de compra de dez artigos que começa com *chocolate*
- A lista de vinte palavras que começa com *televisão*
- A lista de vinte palavras que começa com *erva*
- A lista dos dez presidentes norte-americanos desde a Segunda Guerra Mundial
- As datas do:
  - Nascimento de Cervantes
  - Morte de Ovídio
  - Batalha de Waterloo
  - Nascimento de Goya
- Os prefixos telefônicos de:
  - São Paulo
  - Rio de Janeiro
  - Porto Alegre
  - Belo Horizonte
  - Salvador
- Os números de um a dez em japonês
- Dez artigos para levar na viagem de férias
- Dez artigos da lista de compras começando por *maçãs*.
- Dez desejos dos trabalhadores que constam na pesquisa.

Se acrescentarmos os quatro testes deste capítulo, temos 175 fragmentos distintos de informação; ainda assim, isso é insignificante em comparação com o poder infinito da memória.

Conclusão

Lembre-se:

1. É importante saber como melhorar seu aprendizado. Qual é o seu método preferido? Quando você pensa, predomina o hemisfério esquerdo ou direito? Esforce-se naquilo em que é bom, mas tente se abrir para o leque de possibilidades que o aguardam.
2. Você precisa organizar seu aprendizado. Procure as formas mais simples para ordenar a informação aprendida. Organize seu método de aprendizado para torná-lo mais simples, rápido e divertido.
3. Recorra à sua imaginação. As crianças possuem uma imaginação fértil por natureza, e o mesmo ocorre com você.
4. Adote a melhor atitude mental. Seja positivo. Rompa com os maus hábitos e tente motivar-se, recompensar-se e incentivar-se.
5. Encontre o ambiente mais adequado para seu aprendizado. Que ambiente o tornaria mais receptivo?
6. Associe sua atitude mental saudável com um corpo igualmente saudável. Faça exercícios regularmente, coma e durma bem.
7. Nunca se é velho demais para aprender. Não se sinta tentado a utilizar a idade como desculpa para frear o aprendizado ou a memorização. Você possui muito mais células cerebrais do que necessita, independentemente da sua idade.
8. Pratique! Vamos lá! Comece a utilizar as técnicas que aprendeu neste livro, e elas logo se transformarão em algo natural e espontâneo.

9. Transforme-se em um eterno aprendiz. Mantenha seu cérebro estimulado e utilize-o o máximo possível em tudo que fizer.
10. Seu cérebro é extraordinário. Nunca subestime seu poder de aprendizado. Seu potencial de armazenamento e criatividade é incalculável.

O cérebro médio possui a capacidade de uma enciclopédia de dez bilhões de páginas: é hora de começar a preenchê-las com informação.

Este livro foi composto
em Times Roman pela
Globaltec Produções Gráficas
para a Editora Planeta do Brasil
em setembro de 2005.